KB103409

학교는 학생들을 성장시킬 수 있는가?

LSP 토요학교를 통한 학생성장 사례연구

학교는 학생들을 성장시킬 수 있는가?
LSP 토요학교를 통한 학생성장 사례연구

지은이 최 원 곽충훈

발 행 2017년 5월 1일
펴낸이 김진우 임종화
펴낸곳 좋은교사운동 출판부
출판등록번호 제2000-34호
주 소 서울특별시 관악구 남부순환로 218길 36, 4층
전 화 02-876-4078
이메일 admin@goodteacher.org

ISBN 978-89-91617-35-3 03370

www.goodteacher.org
ⓒ 최 원 곽충훈 2017
본 책은 저작자의 지적 재산으로서 무단 전재와 복제를 금합니다.

좋은교사 연구실천 프로젝트 X

05

학교는 학생들을 성장시킬 수 있는가?

LSP 토요학교를 통한 학생성장 사례연구

최원 곽충훈

좋은교사

교육 난제는 현장 교사가 풉니다!

임진왜란 때 선조가 이순신에게 총공격을 명령했지만 이순신은 적의 유인 전략이라 판단하여 공격하지 않았던 일이 있습니다. 이로 인해 이순신은 관직을 박탈당했고, 대신 출정한 원균의 군대는 전멸하고 맙니다. 현장의 상황을 모르고 내린 결정이 얼마나 어처구니 없는 것인지를 보여주는 사례입니다.

"초등학교 사회 교과서는 대학생 교재보다 어렵습니다. 왜냐하면 그 많은 내용 요소를 압축적으로 구겨넣어 놓았기 때문이죠. 이런 교과서를 만든 사람이 한번 가르쳐보라고 하고 싶네요."

수업에서 학생들에게 배움의 기쁨을 누리게 하고 싶다는 것은 모든 교사들의 소망이지만 현장의 상황을 모르고 내려오는 교육과정과 각종 사업 등 수많은 장애물들이 우리의 발목을 붙잡고 있습니다.

"현장에 답이 있다"는 말을 많이 합니다만 교육정책을 좌우하는 관료, 교수, 정치인들은 현장 교사들의 목소리를 귀담아 듣지 않습니다. 이렇게 된 데에는 우리가 교육전문가로서의 교사의 역할을 적극적으로 찾지 못한 책임도 없지 않습니다.

이제 현장의 교육전문가인 우리 교사가 나서야 합니다. 우리 교육에는 수많은 난제가 산처럼 버티고 있습니다. 우공이산(愚公移山)의 결기로 우리 모두가 이와 씨름하는 일이 개미떼처럼 집단적으로 일어나야 합니다. 그러한 노력들이 격려되고, 공유되고, 확산될 때 우리 교육은 아래로부터 변화되어갈 것입니다. 이 과정은 교육전문가로서의 교사 성장에 큰 도전이 될 것입니다. 이를 통해 수동적 전달자가 아닌 능동적 연구실천가로 성장하게 될 것입니다.

좋은교사운동은 우리 교육의 난제를 현장 교사들의 힘으로 풀어나가는 프로젝트를 시작했습니다. 이름하여 "좋은교사 연구실천 프로젝트 X"입니다. X는 난제를 뜻합니다. 이제 X를 붙들고 고민한 결과가 세상에 모습을 드러냈습니다. 그 동안 바쁜 학교생활 가운데서도 시간을 쪼개어 문제와 씨름하는 노고를 감당하신 선생님과 멘토와 행정적인 모든 수고를 감당해주신 사무실의 간사님들과 연구위원장 조창완 선생님께 존경과 감사의 뜻을 전합니다.

- 2017.2.25. 좋은교사운동 공동대표 김진우

‖ 목 차

I. 문제제기

본 연구자들은 학교가 존재하는 목적이 학생들의 배움과 성장에 있다고 생각한다. 그러나 많은 교육관계자들은 학교가 학생들을 성장시킬 수 있는지에 대한 의문을 제기하고 있다. 교실붕괴, 학교붕괴라는 용어로 대변되는 이러한 회의적인 시각은 이제 공교육에 대한 부정적인 시각으로 일반화되었다. 그래서 많은 학생과 학부모들은 공교육에 대한 불신으로 많은 비용을 지불해가며 사교육에 의존하고, 더 나아가 대안적인 교육에 대한 고민을 하고 있다.

우리는 오랫동안 시험점수와 내신등급으로 학생들의 배움과 성장을 측정해 왔고 수능으로 대학에서 학생들이 성장할 가능성을 예단해 왔다. 그러나 이러한 평가수단이 새로운 시대에 더 이상 유효하지 않다는 증거들이 나오고 있다. 인공지능이 인간의 능력에 도전하는 시대에 더 이상 지식을 암기하고 출력하는 방식으로는 변화하는 시대에 적응할 수 없다. 이러한 작업은 컴퓨터가 우리보다 훨씬 잘하는 영역이다. 이제 새로운 시대에는 기존지식들의 조합을 통해서 새로운 것을 창조해낼 수 있는 창의적인 인재가 필요하다.

이러한 시대적 조류를 반영하여 최근 입시에서 정시의 비중보다 수시의 비중이 점차 증가하고 있다. 그 중에서도 학생부 종합전형이 주목을 받고 있다. 몇 년 전부터 입학사정관제가 도입되면서 수능을 통한 한줄 세우기식 학생선발방식에서 학생들이 가진 다양한 재능에 기반을 둔 역량중심의 선발방식으로 변화되고 있다. 이러한 선발방식의 변화는 시대적 요구를 반영하려는 긍정적인 노력이라고 평가할 수 있다. 특히 학생부 종합전형에서 학생들에게 요구하는 역량은 학업성취도가 우수한 학생(지적 잠재력이 있는 학생), 관심 분야에 뜨거운 열정이 있는 학생, 시대를 발전시킬 리더십이 있는 학생, 그리고 따뜻한 성품으로 봉사하는 삶을 사는 학생으로 정리할 수 있다. 이러한 학생들의 역량을 평가할 수 있는 객관적인 평가 근거로서 학생생활기록부의 기록이 어느 때보다 중요해지고 있다.

이러한 입시제도의 변화와 더불어 최근 청년실업의 문제로 인해서 학교에서 진로교육의 중요성이 강조되고 있다. 이제 더이상 평생직장이라는 개념이 존재하지 않으며 미래에는 우리 학생들이 여러 개의 직업을 바꾸어가며 살아가야 한다. 이러한 시대적 변화 속에서 자기주도적 학습능력과 평생학습자로써의 역량이 어느 때보다도 절실한 상황이다. 그리고 지식의 양이 엄청나게 늘어나면서 한 개인이 아무리 뛰어날지라도 혼자서 감당할 수 없는 상황에 이르렀다. 따라서 개인 간의 경쟁이 아니라 협업의 중요성이 강조되고 있다. 결국 변화하는 하는 시대는 자기주도 학습능력과 협업이 가능한 새로운 인재를 요구하고 있는 것이다.

그러나 이러한 시대적 변화와 요구에도 불구하고 대부분의 학교들이 전통적인 학력중심의 인재상을 버리지 못하고 국어, 영어, 수학을 중심으로 한 입시교육에 매몰되어있다. 대부분의 학교들이 진로교육의 중요성에 대해서 인식하고 있다고 하면서도 여전히 진학에 초점을 두고 소위 명문대 진학률을 높이기 위해 경쟁하고 있다. 그리고 진로교육이 진행된다 하더라도 미래를 향한 부푼 꿈을 꾸게 하지만 현실적으로 그 꿈을 어떻게 이룰지에 대해서는 특별한 대안을 제시하지 못하고 있다. 따라서 본 연구는 진로교육을 통해 발견한 꿈을 현실화시킬 수 있는 구체적 방법론으로 플래닝교육을 강조한다.

이러한 고민가운데 2010년부터 학교특성화 프로그램으로 LSP(Life Scale Planing) 멘토링 프로그램을 운영하였다. 모든 학생들 가운데 가능성의 씨앗이 있음을 믿고 멘토링 시스템으로 좋은 습관과 성품을 개발시켜 자기주도적인 학생들로 성장시키려 하였다. 이러한 노력의 결과 일정 정도 성과를 냈지만 개인의 성장의 열매가 공동체로 나눠지지 않는 것이 한계였다. 이를 극복하기 위해서 2014년부터 공동체성을 강조한 LSP 토요학교가 탄생하였고 올해까지 3년째 운영되고 있다. 이 프로그램은 진로와 플래닝교육을 기반으로 학생들의 꿈을 찾고 그 꿈을 향해 나아갈 수 있도록 돕는다. 그리고 동반성장의 가치를 강조하며 자신의 성장이 학교의 변화로까지 연결되도록 친구들을 돕는 것을 강조하고 있다.

본 연구는 LSP 토요학교를 통한 학생들의 성장과정을 탐색한 것이다. 이는 공교육 무용론에 대한 현장 교사들의 반론이며 학교 내에 팽배한 무기력감과 학교 밖의 회의적 시각에 대해 학교교육의 희망을 역설할 것이다. 본 연구에서 설정한 연구문제는 다음과 같다.

연구문제 1. 학교는 학생들을 위한 성장의 공간이 될 수 있는가?
연구문제 2. 학생의 성장을 어떻게 정의하며 무엇으로 측정할 수 있는가?
연구문제 3. 현재의 진로교육의 한계와 대안은 무엇인가?

II. 이론적 배경 및 선행연구 검토

1. 플래닝 교육과정 설계

가. 멘토링[1]

멘토링은 앞선 경험과 전문 지식을 갖고 있는 멘토가 멘티를 조언하면서 실력과 잠재력을 개발, 성장시키는 활동이다. 멘토라는 용어의 기원은 다음의 그리스 신화 이야기와 관련 있다. 그리스 신화에 전쟁 영웅 오디세이가 트로이 전쟁 길에 아들 텔레마커스를 가장 친한 친구 "멘토"에게 맡기는 이야기이다. 10년 후 오디세이가 전쟁에서 돌아왔을 때, 텔레마커스는 한 나라를 충분히 이끌 인재로 자라났다. 이 이야기를 근거로 해서 훌륭한 선생님을 말할 때 멘토라는 용어를 사용하게 되었다. 그리고 훌륭한 선생님이 자신의 지식을 활용해서 충고하고 방향과 의견을 제시하며 지도한다는 의미의 "멘토링"이라는 용어를 사용한 것이다.

---

[1] RPS멘토양성매뉴얼에서 발췌

LSP 토요학교에서는 2학년 멘토 1명이 1학년 멘티 4명을 멘토링하는 시스템으로 운영된다. 2학년 멘토가 40명이고 1학년 멘티는 160명의 규모로 작은 대안학교 수준의 인적 구성을 가지고 있다. 다시 2학년 멘토들은 대학생 멘토들의 멘토링을 받고 대학생 멘토들은 담당교사들의 멘토링을 받는 선순환구조로 이루어져 있다. 학생들은 '사랑과 관심'을 받아야 성장할 수 있는데 1명의 교사가 모든 학생들을 감당하기 어려운 것이 공교육 구조이다. 이러한 한계를 LSP 토요학교는 선후배간의 멘토링 시스템을 활용하여 극복하고 있다.

나. 플래닝[2)

플래닝은 스스로 공부할 수 있는 내면의 힘을 갖게 해주고 자신의 삶과 학업을 스스로 잘 계획하고 관리할 수 있도록 해주는 성장시스템이다. OECD 국가 대부분이 초등학교 때부터 학습계획 세우는 방법을 가르치는데 유일하게 우리나라만 가르치지 않고 있다. 게다가 계획에 대해 가르칠 때도 해야 할 일만을 단순히 나열하고 체크하는 '스케줄링'이라는 잘못된 방법을 가르치고 있다. 따라서 대부분의 학생들은 계획이라고 하면 해야 할 공부나 일들을 시간 속에 배분하는 것으로 잘못 생각한다. 하지만 플래닝의 핵심은 형식적인 시간 배분보다는 체계적인 시간 관리와 이를 통해 이루고자 하는 '목표'에 있으며, 효과적인 플래닝을 위해서는 장기 계획을 먼

---

2) TMD 자기주도학습 교사직무연수 자료집, p.14

저 세워야 한다. 목표를 먼저 설정한 후 그 목표를 가장 효과적으로 이룰 수 있는 전략을 세우고 난 뒤, 그 전략을 시간 속에 장기-중기-단기 순으로 배치시키는 것을 바로 플래닝이라고 하는 것이다.

2. 진로교육과정 설계

가. 구성주의

교육에서 학습자는 객체로 존재하지 않고, 주체자로서 주관적이고 능동적인 학습이 가능한 존재이다. 구성주의적 패러다임에서 지식이란 타인과의 상호작용을 통해 맥락 안에서 구성된다. 학습자는 사회적이고 문화적 배경 안에서 또래나 혹은 교사와의 상호 작용을 통해 자율적인 존재로 문제를 해결하고 새롭게 도약을 이룰 수 있다. 구성주의 교육은 교육과정 안에서 학습자가 가진 주체성, 행동의 변화 같은 학습자 중심의 방향으로 초점이 옮겨진다.

나. 경험주의

경험주의 교육은 학습자가 스스로 경험을 통하여 지식을 습득해야 함을 말한다. 경험주의 이론의 주창자인 존 듀이는 '경험의, 경험에 의한, 경험을 위한' 교육을 말한다. 즉, '경험에 의한 학습

(learning by doing)'이 핵심적인 원리이다. 이 원리에 따르면 학습자 자신의 관심(흥미)을 가능한 존중해야 하기 때문에 학습자는 학습경험을 구성하는 중요한 주체로 인정되며, 교육내용도 학습자의 관심을 고려하여 선정된다.

3. LSP 토요학교의 교육환경

학생들은 익숙한 환경을 벗어나 새로운 환경에 도전하면서 성장해 나간다. 우리 학교의 주중 교육과정은 빡빡한 정규수업, 방과 후 교육 그리고 야간 자기주도학습에 이르기까지 시간적, 정서적 여유가 존재하지 않는다. 여기에서 뭔가 창의적인 아이디어와 발상이 나온다는 것은 불가능에 가깝다. 그래서 주말 토요일 오전시간을 교육시간으로 선택하였다. 보통 집에서 늦잠을 자거나 학원수업을 듣는 시간에 학교에 나와서 자신의 꿈과 미래를 위한 상상의 날개를 펼친다. 그리고 그 꿈을 주중에 현실화시킬 수 있는 플래닝과 피드백 시간도 갖게 된다. 처음 주중 멘토링 프로그램을 토요일로 옮겼을 때는 내부적인 저항과 관리자들의 염려가 있었지만 토요일이라는 여유로운 시간과 공간이 주는 새로운 교육환경에 빠르게 적응해 나갔다.

그리고 우리가 이렇게 LSP 토요학교라는 새로운 시간과 공간을 창조한 데는 나름의 학생성장의 철학이 있었다. 다음은 강신장의

'오리진이 되라'라는 책의 "High Time & Place 창조의 목적지, 새로운 시공간을 선사하라"는 장에서 인용하였다.

Changing Place

Changing Time

Changing Thoughts

Changing Future

지난해, 베니스에 있는 구겐하임 미술관에 갔을 때 보았던 글귀다. 이 짧은 단어의 조합에는 왜 우리가 새로운 시간과 공간을 추구해야 하는지가 고스란히 드러나 있다. 장소를 바꾸면 새로운 시간을 선사할 수 있고, 사람들에게 새로운 시간을 선사하면 그들의 생각을 바꿀 수 있다. 그들의 생각이 바뀌면 미래를 바꿀 수 있다.(p.91)

우리는 LSP 토요학교라는 시공간을 창조하고 그 안에서 학생들의 생각을 바꾸어나가고 있다. 이를 통해서 그들의 미래가 바뀌어가고 있음을 확신한다.

4. LSP 토요학교의 인재상

건국대 연구진들은 학습자의 효과적인 학습도구인 학습전략에 주목하면서 중학생의 학습전략이 질적으로 서로 다른 복수의 유형이 존재한다고 주장한다. 중학교 1학년 학생들의 학습전략을 구성하는 요인을 선행연구 분석을 통해서 4가지 요인(인지적, 정서적, 행동적, 환경적 요인)과 그 하위에 8가지 지표(인지전략, 내적동기, 학업스트레스, 공부시간, 사교육시간, 또래·교사부모 관계)를 추출하고 잠재프로파일 분석을 실시하였다. 그 결과 학습전략을 5가지 유형(무기력형, 환경적응형, 일반형, 자기주도형, 사교육의존형)으로 분류하였다. 이 연구는 경기교육종단연구 4차년도 데이터 중 3742명의 자료를 활용하여 분석한 것이다.(이종연, 채민정, 2016)

위 연구의 가장 큰 의의는 학생들의 학습전략을 몇 가지 유형으로 나눌 수 있기 때문에 각 유형별로 학생들의 학습전략을 진단하고 그 문제에 맞는 교육적 처방이 가능해진다는 사실이다. 예를 들어, '사교육의존형'이 학업성취도와 인지적 요인 점수는 높은 반면에 정서적 요인에서 학업성취도가 낮은 '환경적응형'보다 낮은 점수를 보인다면 '사교육의존형'의 문제를 정서적 요인으로 진단하고 그에 대한 교육적 처방을 함께 고민할 수 있게 된다는 것이다. 그리고 또 다른 의의는 학생들의 학습전략을 5가지 유형으로 분류해서 그 중에서 우리가 추구해야 할 유형에 대한 구체적인 정의가 가능해졌다는 사실이다. 우리가 추구해야 할 인재상은 자기주도형이다. 더 구체적으로 LSP 토요학교가 지향하는 인재상은 자기주도적이고 협업이 가능하며 개인의 성장을 넘어서 공동체의 성장에 관심을 가지는 학생들이다.

III. 연구대상 및 방법

1. 연구대상

LSP 토요학교에 참여하는 1학년 멘티 학생들(160명)과 2학년 멘토 학생들(40명), 총 200명이 연구대상이다.

2. 연구방법

LSP 토요학교라는 학교특성화 프로그램을 운영하면서 진로와 플래닝교육을 통한 학생들의 성장과정을 의미 있는 자료로 정리하고 분석할 것이다. 먼저 가이던스의 SLT(자기조절학습) 검사를 실시하여 학생들이 교육 전과 후에 얼마나 자기조절능력이 신장되었는지 측정할 것이다. 그리고 정성적 자료 분석 방법으로 활동 결과물이나 소감문을 정리하여 학생들의 교육 만족도나 성장 정도를 파악하고 의미 있는 자료들을 선별하여 효과성을 검증할 것이다.

<표 Ⅲ-1> 연구의 절차

단계	연구 절차	주요 내용 및 방법	일정
계획	연구계획수립 선행연구 고찰 연구계획서 작성 문헌연구 도구의 개발 예비조사	주제연구 선행연구물의 조사 및 정리 전문가의 코칭 도구 개발을 위한 문헌연구 창의적 체험활동 연간계획	3-4월
실행	창의적 체험활동을 통한 교육과 실행	1,2학년 창특수업 진행 LSP 플래닝교육 활동 어썸 진로교육 활동	3월-10월 3월-10월 수시
피드백	자료의 분석 분석 자료의 처리 중간보고서 작성	중간보고서의 작성 및 발표	8월
보고서	최종 보고서 작성	보고서 초안 작성 보고서 초안 검토 및 확정 최종 보고서 작성	12월-1월

IV. LSP 프로그램 소개

LSP 토요학교를 통한 학생들의 성장을 본격적으로 논하기 전에 본 연구대상의 자리매김을 하는 것이 먼저라고 생각된다. LSP 토요학교는 경안고에서 운영되는 LSP 프로그램의 하나로써 전체 가운데 어떠한 위치를 차지하는지 자리매김을 한 뒤에 본격적으로 논의에 들어가기로 하겠다. 여기에서 LSP 프로그램의 운영배경과 철학을 나누고 세부 프로그램으로 LSP 토요학교, 창의적 특색활동 수업, LSP 나비 독서모임의 세부운영방법 및 내용을 소개하려고 한다.

1. 프로그램 운영배경

☐ 대입에서 정시의 비중보다 수시의 비중이 증가하는 추세.

☐ 학생부 종합전형의 도입으로 학생선발방식의 변화.

☐ 학생들이 가진 다양한 재능과 활동에 기반 한 역량중심의 선발방식으로 변화.

□ 학교에서 진로교육의 중요성이 강조.

□ 입시위주의 교육에 미래사회를 대비할 수 있는 역량들을 키우지 못함.

□ 미래에는 자기주도적 학습능력과 평생학습자로써의 역량이 절실함.

□ 진로 목표를 명확히 세우고 자기주도적 학습능력을 갖추어 자신의 꿈과 미래를 위해서 열심히 준비해 나가는 학생들이 행복한 학교를 만들기 위해서 고민.

2. 경안 LSP(Life Scale Planning) 프로그램 운영 개요

가. 운영 목표

모든 학생들이 진로교육을 통해 학생 개개인이 가진 가능성의 씨앗을 발견하고, 플래닝교육을 통해 그 씨앗이 자랄 수 있는 건강한 습관 형성과 인성 함양을 목적으로 운영된다.

L: 건강한 토양(습관, 인성)
S: 씨앗(재능)
P: 싹터오름
→ 학생들의 씨앗을 싹틔우기 위해 건강한 토양을 만들기 위한 프로그램

[그림 IV-1] LSP 로고 설명

나. 세부프로그램

〈표 IV-1〉 LSP 프로그램 세부내용

대상	선발된 학생(200명)	1, 2학년 전체학생	모든 학생에게 열린 모임
프로그램명	LSP 토요학교	창의적 특색활동 수업	LSP 나비 독서모임

다. 운영 취지

1) LSP 토요학교: 학생들이 매주 토요일에 진로와 플래닝교육을 받고 자신을 성장시킬 뿐 아니라 학급 친구들에게 배운 내용을 전파하고 멘토링 할 수 있는 학생 코어그룹 양성을 한다.

2) 1, 2학년 창의적 특색활동 수업: LSP 담당교사들이 1, 2학년 LSP 멘토와 멘티들과 함께 창의적 특색활동수업을 통해서 진로와 플래닝교육으로 각 학급의 변화를 위해서 노력한다.

3) LSP 나비 독서모임: 교내 독서문화를 형성하고 진로독서를 통해 자신의 진로를 구체화 하려는 모든 학생들에게 열려있는 성장의 공간을 마련한다.

3. LSP 토요학교 세부 운영 방법 및 내용

가. 운영목적

1) 학생들이 자신에 대해 이해하고 진로를 찾고 플래너를 통해 현실화 한다.
2) 학생들이 토요학교를 통하여 스스로 성장할 뿐만 아니라 친구들을 돕도록 한다.

나. 운영체계

1) 참여인원: 2학년 멘토(40명), 1학년 멘티(160명)
   - 멘토링 시스템(1:4)
2) 교육기간과 교육시간: 2016.03.12.~10.29.(총23회), 매주 토요일 오전 9:00~12:30 (진로수업 100분, 플래닝수업 100분)

다. 연간운영계획

〈표 Ⅳ-2〉 LSP 토요학교 연간운영계획

월	일시	진로교육	플래닝교육
3	12	LSP 토요학교 입학식	
	19	기본교육 1차시	주간플래닝
	26	기본교육 2차시	(가용시간분석)

월	일시	진로교육	플래닝교육
4	9	기본교육 3차시	시험플래닝 (주간 피드백, 셀공시간표 작성 및 차주계획)
	16	기본교육 4차시	
	23	기본교육 5차시	
	30	기본교육 6차시	
5	21	심화교육 1차시	수업성공습관 예복습습관
	28	심화교육 2차시	
6	4	심화교육 3차시	수면습관/성품습관 미디어 관리 시험플래닝
	11	심화교육 4차시	
	18	심화교육 5차시	
	25	심화교육 6차시	
7	9	심화교육 7차시	방학플래닝수립
	16	1학기 성과공유회	
8	20	기업가정신교육 1차시	분기 플래닝 (독서 나눔)
	27	기업가정신교육 2차시	
9	3	기업가정신교육 3차시	
	10	기업가정신교육 4차시	시험플래닝 (진로독서 책나눔)
	24	기업가정신교육 5차시	
10	8	기업가정신교육 6차시	LSP활동정리 (활동에세이, 생기부)
	15	기업가정신교육 7차시	
	22	기업가정신교육 8차시	
	29	2학기 성과공유회&수료식	

라. 운영성과

1) 자신을 이해하고 자신에게 맞는 진로를 찾는 학생들이 많아짐.
2) 1,2학년 전체(1076명)의 절반이 넘는 660명 학생들이 자발적으로 플래너 사용 (1학년 360명, 2학년 300명)
3) 학교를 넘어 지역사회 및 교육영역에 교육성과를 나눔. (안산 석수중 교육, 시흥 신천고 교사 교육, 서울 잠신고 교육, 안산 교육청 사례 나눔, 좋은교사 직무연수, LSP 성과 공유회, '학생부 종합전형 합격의 조건' 책 집필(공저))

마. 활동사진

토요학교 참여 학생

플래닝 강의

진로교육 모둠활동

[그림 IV-2] LSP 토요학교 활동사진

4. 창의적 특색활동 수업(이하 창특수업) 세부 운영 방법 및 내용

가. 운영 목적

창특수업을 통해 LSP 토요학교에서 실시하는 진로, 플래닝교육을 모든 학생이 누릴 수 있도록 한다. 특히 토요학교에 참여하는 학생이 멘토가 되어 학급 친구들의 플래너 사용을 도울 수 있는 환경을 조성한다.

나. 운영체계

1) 대상: 경안고 1학년(15학급 520여명), 2학년(16학급 562여명)
2) 시간/장소: 매주 1시간, 1학년 전자도서관, 2학년 어학실
3) 강사: 곽충훈 교사(1학년), 최원 교사(2학년)

다. 운영계획

〈표 IV-3〉 창특수업 연간운영계획

분기	차시	내용
1분기: 자아성찰	1	· 학급세우기 활동
	2	· 솔라리움 카드
	3	· 관심사 보드게임
	4	· 아바타 그리기
	5	· 재능브레인 스토밍
	6	· 흥미발견 및 진로인식

분기	차시	내용
	7	· 시험 플랜 원리
	8	· 시험 플랜 실천
	9	· 피드백 원리 교육
2분기: 자아, 진로탐색	10	· 내면의 힘 키우기
	11	· 다중지능과 직업
	12	· 컬러테스트와 직업
	13	· MBTI와 직업 탐색
	14	· 자아탐색 종합과 직업
	15	· 학종전형과 진로탐색
	16	· 진로정보탐색 방법
	17	· 인터뷰질문만들기
	18	· 진로직업탐방준비
3분기: 인생설계	19	· 방학 피드백
	20	· 리빙라이브러리
	21	· 진로탐방후기 발표
	22	· 지배가치 찾기 게임
	23	· 미래명함 만들기
	24	· 꿈리스트 작성
	25	· 내 인생의 타임라인
	26	· 사명선언서 작성
	27	· 인생로드맵 작성
4분기: 플래닝/독서	28	· 시간관리 & 멘토배정
	29	· 지식경영, 멘토링
	30	· 진로포트폴리오, 멘토링
	31	· 독서컨퍼런스
	32	· Before Reading
	33	· Reading
	34	· After Reading
	35	· 독서에세이 작성
	36	· 창특수업 느낀 점 작성

라. 운영성과

1) 체계적인 교육과정으로 학생 만족도가 높았음.
2) 하계방학 중 자발적인 진로직업탐방활동 참여로 진로에 대한 확신이 생김. (1, 2학년 534명 참여: 1학년 367명, 2학년 167명)
3) 운영자들의 공동 수업 연구로 1, 2학년 연계 교육과정을 구성함.

마. 활동사진

모둠세우기(관심사 보드게임)

나의 사명은

경제적으로 어려운 사람과 나약한 아이들 **이**

더이상 경제적 박탈으로 인해 더이상 억울하지 않도록

국면변화로 활동하여 경제적박탈을 방각하지 않고 **일에**

함께

헌신하는 것이다

차별로 밥을 수 없게 하는

사명선언서 활동지

진로 직업탐방활동

[그림 IV-3] 창특수업 활동사진

5. LSP 나비 독서모임 세부 운영 방법 및 내용

가. 운영 목적

1) 독서에 대한 동기부여를 통해 교내에 독서하는 분위기 조성을 위함.
2) 진로독서를 통해서 자신의 진로에 대해서 구체적인 길을 발견하기 위함.
3) 학생들이 성장할 수 있는 공간을 만들어 내기 위함.

나. 운영 체계

1) 기간: 11월 11일(금)~12월 23일(금)(5회 진행)
2) 시간: 매주 금요일 아침 (7:00~8:30) / 장소: 전자도서관
3) 인원: 1, 2학년 희망자(80명까지 수용가능)
4) 강사 : 이재덕, 강정미(3P 독서경영팀)
5) 지도교사: 최원, 곽충훈 / 학생스텝(테이블 마스터): LSP독서리더 16명

다. 교육일정

〈표 IV-4〉 나비 독서 교육일정

교시	일시	독서 나눔 도서
1차시	11.11	· 청소력
2차시	11.18	· 인생의 차이를 만드는 독서법 본깨적 1, 2장
3차시	11.25	· 인생의 차이를 만드는 독서법 본깨적 3, 4장
4차시	12.16	· 성과를 지배하는 바인더의 힘 1~5장
5차시	12.23	· 성과를 지배하는 바인더의 힘 6~10장

라. 운영성과

1) 진로독서로 학생의 생애 방향 설정하는 독서컨퍼런스 운영 (1,2학년 전체 대상)
   - 2학년: 2016.10.24.(월)~27(목).
     1일 4개 학급씩 총 16개 학급
   - 1학년: 2016.10.31.(월)~11.03(목).
     1일 3~4개 학급씩 총 15개 학급
2) 독서리더 양성을 위한 독서포럼 참석: 10월 8일~22일, 매주 토요일 3회 참석
3) 나비 독서모임에 매주 80명~90명의 학생이 지속적으로 참여하고 있음.

마. 활동사진

독서리더 훈련모임

독서 컨퍼런스 장면

나비 독서모임

[그림 IV-4] 독서모임 활동사진

　　지금까지 살펴 본 것처럼, LSP 프로그램은 LSP 토요학교, 창의
적 특색활동 수업과 LSP 나비 독서모임이라는 세 축으로 구성되어
있다. LSP 토요학교는 멘토링 시스템을 기반으로 하고 있기 때문에
멘토의 숫자의 한계로 200명이라는 제한된 수의 학생에게 혜택을
줄 수밖에 없다. 그래서 창특수업에서 이를 보완하기 위해서 한 주
에 한 시간씩 1, 2학년 전체학생에게 토요학교의 진로와 플래닝교
육내용을 진행하고 있다.

그러나 성장을 위한 두 축으로는 한계를 절감하게 되었다. 한주에 한 시간정도인 창특수업으로 학생변화의 동기부여는 가져올 수 있지만 성장으로 이끌기에는 턱없이 시간이 부족하다. 그리고 LSP 토요학교는 제한된 학생에게만 혜택이 돌아가는 닫혀있는 구조이기 때문에 모든 학생들에게 열려있고 지속적으로 성장 가능한 독서모임의 필요성이 생겼다. 이러한 고민 가운데 LSP 나비 독서모임은 가장 최근에 생겨난 프로그램이다.

LSP 프로그램 운영자들은 어떻게 하면 모든 학생들을 성장시킬 수 있는 학교 시스템을 구축할 것인지에 대해서 계속해서 고민해 왔다. 그중에서도 LSP 토요학교는 이 모든 프로그램의 핵심이며 이 프로그램을 통해서 학교변화의 코어그룹인 학생 리더들을 양성하고 있다.

V. LSP 토요학교를 통한 학생들의 성장과정 탐색

LSP 프로그램의 철학에 기반을 두어서 운영되는 LSP 토요학교, 창특수업, 독서모임 중에서 본 연구에서는 LSP 토요학교를 통한 학생들의 성장과정에 주목하려고 한다. 학생들이 LSP 토요학교의 진로교육과정과 플래닝교육과정을 통해서 어떻게 성장해 나가는지를 정리하려고 한다. 이 교육을 통해서 학생들이 자기주도성과 이타성이라는 역량을 어떻게 개발하는지도 주목하여 보려고 한다.

1. 진로교육을 통한 성장과정

학생들의 성장은 자신이 누구인지를 아는 데서 출발한다. 아이들은 주변의 시선으로 자신을 바라본다. 특히 학교교육이 씌워놓은 한계 안에서 더 이상 자신 안에 있는 보석 같은 가치들을 들여다보지를 못하게 된다. 그러한 학생들에게 자신 안의 가능성에 대한 발견이 모든 성장의 시작이 될 수 있는 것이다.

먼저 기본교육과정으로 자신의 과거, 현재, 미래에 대한 자아탐색 과정을 배치하였다. 그리고 심화교육과정에서는 자신 안에 있는 가능성에 눈을 뜨고 자신을 둘러싼 세상으로 시선을 확대해 나간다. 심화교육과정에서는 기술, 인문, 예술 분야 등 미래사회를 대비할 수 있는 다양한 진로분야를 소개하고 세상을 알아나가는 시간을 갖는다. 또한 다양한 미디어를 통해서 자신을 표현하며 세상과 소통해 나가는 훈련을 거치기도 한다.

그리고 이 진로교육과정의 완성은 기업가 정신교육(히어로 프로젝트)과정이다. 학생들은 자신을 알고 세상을 알아가면서 자신이 속한 공동체에 대한 관심을 가지게 된다. 자신이 속한 학교나 지역사회의 크고 작은 문제들을 주도적으로 해결해 나가는 프로젝트를 진행하면서 자기주도성과 문제해결력을 키워나가고 있다. 진로교육과정은 어썸스쿨(Awesome School)이라는 청년교육 벤처기업과 협력하여 진행하고 있다.

가. 기본교육과정 (자아탐색 과정)

1) 목적

○ 다양한 자기이해활동을 통하여 자신의 내면을 깊이 들여다보며 자신의 진정한 자아와 만나는 시간을 갖는다.

2) 전략

○ 강의식보다는 활동 위주의 수업으로 학생들의 주도적인 참
여를 보장한다.
○ 학생들이 활동을 통해 의미와 재미를 함께 경험하며 서로
친밀감을 형성하게 한다.
○ 활동 소감문양식지나 에버노트(online을 기반으로 한 포트
폴리오 관리 프로그램)를 활용하여 활동 후 느낀 점을 정리
하여 생기부 기초자료로 축적한다.

3) 운영내용

〈표 V-1〉 기본교육과정

차시	활동명	활동설명
1차시	Who Am I	학생들은 MBTI검사를 통해 자신의 성향과 기질을 파악했고 그것이 실제로 각각의 환경과 상황 속에서 어떻게 발현되는지를 체험했다. 이를 통해 나와 타인과의 차이도 인정할 수 있게 되는 경험을 했다.
2차시	내 인생의 타임라인	학생들은 이 활동을 통해 자신이 살아오면서 가장 행복했던 순간, 슬펐던 순간, 힘들었던 순간 등을 되돌아보았다. 무엇이 나를 행복하게 만드는 요소이며, 어떤 상황에서 나는 힘들어 하는지를 스스로 되돌아보는 시간을 가졌다.
3차시	문장완성검사 & 인물마인드맵	자신이 생각하는 부모님은 어떤 모습인지, 내가 진짜 사회에 바라는 것은 무엇인지, 질문을 통해 자신의 가치관을 찾는 시간을 가졌고, 지금까지 맺었던 관계 속에서 편안했던 관계, 불편하고 힘들었던 관계 등을 생각해 보았다.

차시	활동명	활동설명
4차시	두려움과 마주하기	각자가 살아가면서 만나는 두려운 것들의 본질은 무엇인지를 알아보았다. 두려움 위에 있는 감정에 충실하여, 무작정 짜증을 내고 화냈던 상황에서 진짜 두려움이 무엇이었는지를 되돌아보았다.
5차시	나의 욕망을 욕망하다	부모님의 기대, 친구의 기대, 사회의 기대가 아닌 오직 자기 자신이 좋아하는 것이 무엇인지를 찾는 시간을 가졌다. 궁극적인 나만의 삶의 목적을 찾고, 그것들을 이루기 위해 지금 내가 해야 할 것들은 무엇인지를 고민해 보았다.

4) 활동모습

Who Am I

내 인생의 타임라인

문장완성검사 & 인물마인드맵

두려움과 마주하기

[그림 V-1] 기본교육과정 활동사진

나의 욕망을 욕망하다

5) 운영결과

○ 활동 위주의 수업으로 구성원들 간의 친밀감을 높일 수 있었다.

○ 교재를 바탕으로 활동을 체계적으로 정리하여 교육성과를 높일 수 있었다.

○ 에버노트를 통해 학생들의 의식의 변화와 행동의 변화를 관찰할 수 있었다.

○ 교육만족도 조사에서 90% 이상 만족한다고 평가를 하였다.

나. 심화교육과정 (세상을 알아가는 과정-기술, 인문, 예술)

1) 목적

○ 학생들에게 학교 수업을 통해 접할 수 없는 다양한 진로를 소개하여 자신에게 맞는 분야를 찾아갈 수 있도록 돕는다.

2) 전략

○ 학생들은 8개 강좌 중에 2개 강좌를 선택하여 4회씩 교육
을 받는다.

○ 한개 강좌에 20명이 넘지 않도록 하여 내실 있는 교육이
될 수 있도록 한다.

○ 학교 수업에서 구현하기 힘든 미래사회에 꼭 필요한 내용을
교육한다.

3) 운영내용

〈표 V-2〉 심화교육과정

활동명	활동설명	활동회수
3D 프린터	학생들은 3D 모델링을 배우고, 3D 프린터를 통해 머릿속으로 상상한 물체를 실제로 만들어 보는 경험을 하였다.	5/31~6/21 총 4회
PREZI	자신의 생각을 표현할 수 있는 발표 제작 도구를 배웠다. 발표스킬에 대한 것뿐만 아니라 생각과 의견 등을 토대로 실제 프레젠테이션을 해보는 시간을 가졌다.	5/31~7/26 총 8회
MOOC 〈Massive Open Online Course〉	최근 인터넷을 통해 하버드, 스탠포드, MIT 등 외국의 대학에서 교육을 받고 수료증까지 받을 수 있다. 이를 가능하게 하는 웹의 다양한 활용을 배우고 교육 체험을 하였다.	5/31~7/26 총 8회

활동명	활동설명	활동회수
교육철학	교직에 관심 있는 학생들을 대상으로 교육철학을 가르쳤다. 이 시간 동안 학생들은 교육철학자들의 삶을 통하여 교사의 소명을 점검할 수 있었다. 또한 그들의 철학을 배우며, 자신의 교육철학을 생각해 볼 수 있는 귀한 시간이 되었다.	5/31~6/21 총 4회
인문학 토론	영화와 책을 통해 자신의 생각과 의견을 개진하고 합의해 가는 과정을 배웠다. 영화 매트릭스와 갈매기의 꿈과 같은 책을 읽고, 그 이야기들이 의미하는 본질은 무엇인지에 탐구하는 시간을 가졌다.	5/31~7/26 총 8회
행복코칭	하루하루 일상에서 실행할 수 있는 간단한 습관으로 삶에서 행복을 느낄 수 있는 방법과 그 행복을 많은 사람들과 나눌 수 있는 프로젝트를 진행하였다.	5/31~7/26 총 8회
패션	단순히 비싼 브랜드를 입는 것이 아니라, 자신에게 잘 맞는 스타일의 옷을 입음으로써 자신을 자신 있게 표현할 수 있는 방법과 이유에 대해서 함께 배웠다.	5/31~7/26 총 8회
영화제작	현대는 누구나 쉽게 영상을 촬영하고 만들 수 있는 시대이다. 학생들은 시나리오를 작성하고 직접 연기하고 촬영 하는 과정을 거쳐 짧은 영화를 제작하였다.	5/31~7/26 총 8회

4) 활동모습

3D프린터

PREZI

MOOC	교육철학
인문학 토론	행복코칭
패션	영화제작

[그림 V-2] 선택교육과정 활동사진

5) 운영결과

○ 전문가들과의 만남을 통해서 진로를 구체적으로 설계하는
  학생들이 늘어났다.

○ 학교 수업 시간에 토요학교에서 배운 프레지, MOOC, 교

육철학 등을 활용하는 학생들도 생겨났다.

지금까지 정리한 기본과정과 심화교육과정은 토요학교 초창기의 교육과정이다. 시간이 흐름에 따라 아래의 표와 같이 1학기에 진행되는 기본교육(1회~6회)과 심화교육 교육과정(7회~11회)으로 정착되어 갔다.

<표 Ⅴ-3> 1학기 진로교육과정

일정	프로그램명	주요 활동
1회	[나의 관심사] 관심사 보드게임	**1) 아바타 그리기** - 서로의 눈만을 바라보며 손에든 펜과 포스트잇을 사용해 상대방의 얼굴을 그려주는 활동적 오프닝 게임. 이 과정을 통해 짧은 시간 안에 수십 명의 동료들과 눈을 마주치고 짧은 인사를 나누며 친화력과 수업의 에너지를 높임. **2) 관심사 보드게임** - 보드게임 형식을 통해 자기 자신을 쉽게 드러내며 나의 최근 관심사를 통해 나는 요즘 어떤 생각과 행동을 하고 있는지 스스로를 관찰함과 동시에 서로의 관심사를 공유하고 많은 사람과의 소통에 마음을 열어 12회 교육간 함께 할 멤버들과 친숙함을 쌓아가는 활동.
2회	[나의 정체성] 전지 그리기	**1) 가위바위보 에볼루션** - 전체 구성원이 자리에서 일어나 정해진 동작과 소리를 내며 돌아다니고 가위바위보 게임을 하며 자신의 레벨을 진화 또는 퇴화시키는 활동적 오프닝 게임. 이 과정을 통해 전체 구성원과 얼굴을 마주치고 간단한 게임을 하며 수업의 에너지를 높임. **2) 전지 그리기** - 2인 1조가 되어 전지에 서로의 몸을 실제 크기로 본떠 그린 후, 그 안에 내가 중요하게 생각하는 가치, 고민거리, 앞으로 하고 싶은 것 등 나를 이루는 모든 것을 자유롭게 표현하여 나의 정체성을 나타내고 발견함.

일정	프로그램명	주요 활동
3회	[나의 역사] 타임라인 그리기	1) 6By6 - 타임라인 그리기에 앞서 과거를 떠올리는 데 유연한 사고를 위해 다양한 질문을 던지는 게임. 2) 나의 타임라인 그리기 - 내가 살아온 삶의 과정과 의미를 되돌아보는 시간, 현재의 내가 만들어지기까지 나에게 어떤 사건과 경험이 있었고 그것들이 현재의 나에게 어떤 의미인지 발견해보는 활동.
4회	[나의 두려움] 두려움과 직면하기	1) 두려움 진진가 - 진짜진짜가짜 라는 게임형식을 통해 자신이 두려워하는 것에 대해 접근해보는 오프닝 활동. 2) 두려움과 마주하는 영상시청 - 두려움은 외부가 아니라 자기 자신의 내면으로부터 형성되며 과거의 경험 또는 직면하지 않은 상태에 대한 막연한 느낌으로 형성된다는 내적인 의미를 깨닫고 두려움을 극복하기 위해서는 두려움과 마주할 수 있는 용기가 필요하며, 두려움을 직면해 나가는 모습의 영상을 통해 두려움 직면에 동기 부여하는 시간.
5회	[나의 욕망] 꿈의 산	1) 3 keyword - 나를 설명해주는 나의 가치관 키워드 세 가지를 통해 자신을 소개해보는 오프닝활동. 2) 꿈의 산 만들기 - 타인의 시선, 부모님의 권유, 명예, 권력, 부 등 조건에서 벗어났을 때 내가 진정으로 원하는 것, 해보고 싶은 것을 포스트잇에 적어서 산의 형태로 쌓아 올리는 활동. 산의 낮은 위치에는 적은 시간, 적은 노력으로 쉽게 실행 가능한 내용을 붙이고 산의 높은 위치에는 많은 시간, 많은 노력으로 실행 가능한 내용을 붙여서 내가 원하는 것을 얻기 위한 과정과 계획을 사고해보는 활동.
6회	[히어로 탄생과정 회고] 월드카페	1) 체크인 - 서로의 컨디션을 점수로 표현하고 그 이유에 대한 이야기를 나누며 상호 관심과 존중의 분위기를 만들고 수업 전체의 에너지를 끌어올리는 오프닝 활동. 2) 월드카페 진행

일정	프로그램명	주요 활동
7~11 회	[O.T 및 유스보이스 미디어 교육]	7회 O.T 및 8~11회(4회) 유스보이스 미디어 교육
12회	[중간 공유회 & 미디어 교육 발표]	미디어 교육 발표회

※ 심화교육과정(유스보이스 미디어 교육)

초창기 심화교육이 기술, 인문, 예술 분야의 다양한 진로에 대한 소개였다면 최근에는 자신이 탐색한 자신의 내면을 다양한 미디어 (음악, 영상, 미술, 사진 등)를 통해서 세상과 소통해낼 수 있도록 돕고 있다. 이 미디어 교육은 다음세대재단의 '유스보이스'라는 교육기관이 담당하고 있다.

〈표 V-4〉 심화교육과정(미디어 교육)

과목명	내용	장소
작곡	〈잊혀진 소리를 찾아라〉 오래된 레코드를 이용하여 힙합 비트를 만들어 보자!	전산실
랩	〈Show me, 너 뭐니?!!〉 우리의 이야기를 담은 랩을 만들어 보자!	교실, 시청각실
영상	〈수많은 '나들'의 이야기〉 나와 나들, 그리고 우리의 연결고리를 영상으로 표현해 보자!	교실, 전산실
사진	〈사진으로 느끼는 오감!〉 미각, 시각, 청각, 후각, 촉각을 스마트폰 카메라를 통해 표현하고, 이를 출력해 발표함으로써 자신의 내면의 세계를 표현해 보자!	교실

과목명	내용	장소
드로잉	〈내가 만약 '슈퍼히어로'라면 어떤 모습일까?〉 드로잉을 통해 나를 표현하고, 우리들만의 히어로 유니버스를 그리며 친구들과 소통해 보자!	교실
소리	〈소리로 보는 세상!〉 목소리, 생활소리, 자연소리, 노랫소리 등 다양한 소리를 통해 나와 남과 세상을 알아가 보자!	교실

다. 기업가 정신교육 (세상을 변화시키는 과정: 히어로 프로젝트)

1) 목적

'히어로 프로젝트'는 학생들이 마주하고 있는 급변하는 미래 시대의 환경 속에서 주체적인 삶을 살아가는 히어로가 되어 자신의 재능과 가능성을 바탕으로 '스스로 세상의 문제 또는 기회를 발견하고 가치를 창조하는 삶의 태도와 경험'(기업가정신)을 갖도록 하기 위해 기획되었다.

학생 때 학교를 바꿔 본 학생은, 성인이 되어 사회에 나가 세상을 바꿀 수 있는 힘이 생긴다는 철학에 기반을 두고 시행되고 있다. 학생들이 학교에 있는 다양한 문제점들을 분석하고 스스로 그 문제들에 대한 대안을 모색하는 프로젝트를 진행한다. 기업가 정신교육은 단순히 창업과 비즈니스 과정을 말하는 것이 아니며, 자신의 삶을 주체적으로 살아갈 수 있는 힘을 만들어 내는 과정이다.

2) 전략

〈히어로 프로젝트〉는 기업가정신 프로세스에 맞추어 자신을 중심으로 세상과 연결되는 프로젝트를 직접 기획하고 실천하면서 본인이 속한 공동체와 지역 사회에서 불편한 문제점이나 가치를 창출할 수 있는 기회를 포착하여 이를 제품이나 서비스, 혹은 캠페인, 강연, 연구 등의 다양한 방식으로 구현해보는 행동 중심 프로그램이다. 이 과정을 통해서 '내가 할 수 있고 세상도 원하는 일'을 경험으로 느끼고 '자신의 새로운 가능성'과 '세상을 바라보는 넓은 시야'를 체험하면서 도전 정신과 문제 해결력을 기를 수 있다.

※ 기업가정신교육 프로세스: 변화나 가치를 만들 때 겪게 되는 과정으로 〈문제 또는 기회 포착 ▷ 해결책 입증 ▷ 자원 확보 ▷ 기획 ▷ 실행 ▷ 유지 및 발전〉의 단계를 뜻한다.

〈표 V-5〉 히어로 프로젝트 진행과정

회차 (날짜)	과정명 & 콘텐츠명
1회	[모험의 시작] '미니 프로젝트'
2회	[첫 번째 관문] '문제 포착 및 해결책 입증'
3회	[두 번째 관문] '자원연구 및 확보'
4회	[세 번째 관문] '기획'
5, 6, 7회	[히어로의 전투] '실행'
8회	[히어로의 귀환] '지속 및 발전'
9회	[피날레] '프로젝트 발표회'

3) 운영사례

<표 V-6> 히어로 프로젝트 사례

프로젝트명	프로젝트 목적	프로젝트 내용
돋보기	학생들이 정보를 얻을 수 있는 매체가 제한되어 있다. 정보를 학생들이 쉽게 접근할 수 있었으면 좋겠다.	학교 게시판을 활성화 시킨다.
알려조	교내 대회를 몰라서 참여를 못 하는 사람이 없었으면 좋겠다.	교내 대회를 홍보한다.
두리번거리조	진로, 창특시간을 주체적, 효율적으로 활용했으면 좋겠다.	학생 스스로가 주체가 되어 진로, 창특시간을 활용할 프로그램을 기획한다.
S.M.S (students make school)	교사와 학생, 선후배간 심리적인 거리감이 줄어들었으면 좋겠다.	레크레이션, 프로그램을 기획하고 실행한다.
SnL (Student n(&) Listeners)	학교 운영에 학생의 의견이 반영 되었으면 좋겠다.	학생들의 의견을 반영할 수 있는 소리함을 운영한다.
귀엽조	성적에 의해 차별당하거나 기회가 제한되지 않았으면 좋겠다.	차별과 갈등의 원인들을 개선하는 프로그램 기획하여 실행한다.
홀가분학교	모든 친구들과 추억을 쌓고 싶다.	학생들을 위한 페스티벌을 진행한다.
2G	흰벽에 네모난 교실을 생기 있는 우리의 공간으로 바꾸고 싶다.	교실 벽 미화작업을 진행한다.
쌤통 우체통	선생님과 학생들 사이에 자유롭고 활발한 소통이 가능했으면 좋겠다.	선생님에게 하고 싶은 말을 편지로 받아 전달한다.

프로젝트명	프로젝트 목적	프로젝트 내용
가온누리	원활한 의사소통을 위해 의사소통에 문제가 되는 비속어, 은어의 사용을 줄였으면 좋겠다.	강연 등의 프로젝트를 진행하여 비속어와 은어의 나쁜 점을 알린다.
씨즈	학생들이 꿈을 가지고 직업을 가질 수 있었으면 좋겠다.	장래희망 작성 칸 옆에 자신의 미션과 비전을 적도록 한다.
긍정의 힘으로 빠샤!	학교를 좀 더 웃으면서 다녔으면 좋겠다. 재있고 활기찬 학교생활을 하고 싶다.	교문 앞이나 등굣길에 하이파이브나 악수 또는 인형 탈과 옷을 입은 사람과 프리허그, 사진촬영을 진행한다.

4) 활동모습

[그림 V-3] 히어로 프로젝트 활동사진

▶ 학생 프로젝트 사례 및 후기

경안고등학교 문제해결사례 : 잉(ing)쇄소 프로젝트

버려진 노트를 모아

새 노트로 만들어

청소년센터에 기부

"
어릴 적 누구나 한번쯤은 꿈 꿔봤던 그 이름 히어로.
멀게만 느껴졌던 히어로였는데 그게 아니었다.
히어로는 생각보다 가까이 있었고
다른 누구도 아닌 나 자신이었다.
"

학생과 학생,

학생과 선생님 사이에

말로 하기 어려운 소통을 돕는

편지함 직접 제작, 설치, 배달

서비스 운영

"
너무 재미있었다. 처음엔 누가 내가 만든 것을 이용해줄까 걱정했는데 이용해주는 친구들이 생기는 것을 보고 힘이 났다. 내가 학교를 위해 뭔가 할 수 있는 사람이구나 알았다. 다음에 또 하고 싶다.
"

5) 다양한 프로젝트 사례들

① 미소 경안을 꿈꾸는 Smile Supporter프로젝트

아침에 교문 및 지하철역에서 하이파이브를 통해 미소 지으며 하루를 시작하게 만들자는 프로젝트이다.

② 별자리 관찰 프로젝트

경안고 학생들에게 별자리와 천문학에 대하여 관심을 가지게 만드는 프로젝트이다.

③ Dream Come True 프로젝트

인근학교 중학생들의 진로탐색을 돕는 멘토링 활동, MI, MBTI검사 및 잡월드 탐방 등을 하였다.

④ I Have A Dream Research 프로젝트

가슴 뛰는 꿈을 찾는 학생들이 많아지기를 바라는 마음으로 시행한 Dream Research 프로젝트이다.

⑤ 영화 연평해전 펀딩 모금 프로젝트

제2연평해전에서 순국한 故박동혁 선배(본교3회)를 기리며 시행한 펀딩 모금 프로젝트이다.

⑥ Post Secret 프로젝트

비치된 상자 안에 자신의 고민을 적어 넣어 치유가 일어나게 하는 프로젝트이다.

⑦ 나눔 프로젝트

선생님들 안마해드리기, 카톡에 힘이 되는 글 남기기, 교통 봉사하는 친구들 비타민 드링크 주기 등 학생 차원에서 나눌 수 있는 것 나누는 프로젝트이다.

⑧ 지금 부르러 갑니다 프로젝트

쉬는 시간 학급에 가서 노래를 불러주는 프로젝트로 쉬는 시간의 소음을 화음으로 바꾸는 프로젝트이다.

⑨ 체육대회 이벤트 프로젝트

체육대회를 의미 있게 보내기 위하여 다양한 활동(하이파이브, 버킷리스트 설문조사, 플래시몹)을 진행하는 프로젝트이다.

⑩ 아이디어 공모전 프로젝트

학생들이 주체가 되어서 학교를 변화시키는 아이디어 공모전 프로젝트이다.

⑪ S-talk 컨퍼런스

그동안 실시했던 프로젝트를  친구들에게 소개하는 강의 컨퍼런스이다. 컨퍼런스 주제는 "우리가 바꾸는 학교의 미래"이다. 이들의 노력으로 인해 학교의 문화가 점점 더 성숙해져가고 있다.

라. 학생들의 성장기록

진로교육과정은 자신을 알아나가는 과정, 세상을 알아나가는 과정과 세상을 변화시키는 과정으로 진행된다.

더 구체적으로 진로교육과정을 통해서 학생들이 어떻게 성장해나갔는지는 자기소개서와 활동소감문 작성 양식에 기록된 학생들의 생생한 증언들을 들어보도록 하겠다.

• 3학년 김선영 학생의 Mooc 과정 자소서 기록

2학년 때, 시공간의 제약 없이 세계 각국의 대학교 교수님들과 상호작용하며 교육받을 수 있는 프로그램인 MOOC(Massive Open Online Course)에서 경영학수업을 들은 적이 있습니다. 처음 MOOC을 알게 되었을 땐, 한국어강의도 벅찬데 영어강의를 들을 수 있을까?라는 의구심도 들었지만 평소 경영학에 관심이 많았기 때문에 수강신청을 했습니다.

생각처럼 어려운 점은 많았습니다. 외국인교수님께서 하시는 수업인 데다가 한국어로도 이해하기 힘든 전문지식이 자주 나왔기 때문입니다. 그렇지만 알 수 있는 내용들이 너무 재미있었습니다. 그래서 저는 강의를 보다 잘 이해할 수 있는 방법에 대한 고민 끝에 학교영어수업시간에 더 적극적으로 참여하여 선생님의 해석방법이나 문장구조해석법을 배우려 노력했습니다.

가장 인상 깊었던 것은 Edward Hess 교수님께서 말씀하셨던 Y이론이었습니다. 근로자들을 관리할 때에 동기부여를 하여 즐겁게 일할 수 있도록 조직을 관리하는 리더의 유형에 대해 설명한 Y이론을 배우며, 경영자는 단순히 회사를 경영하는 사람일 뿐만 아니라, '사람을 사람답게 대하는 리더'라는 것을 깨닫게 되었습니다. 또한 이러한 깨달음을 통해 '사람을 사랑할 줄 아는 경영' 이라는 저만의 경영철학을 갖게 되었습니다.

MOOC을 통해 얻은 경영철학을 구체화 해보고 싶었던 저는, 교내토요진로학교에서 진행되는 '기업가 정신으로 학교 변화시키기 프로젝트'에 참여했습니다. 사회문제를 포착하여 해결책을 찾는다는 기업가 정신의 본질을 바탕으로 제가 학교생활 중 느꼈던 문제는 '성적에 의한 기회 제한'이었습니다. 저는 성적이 아무리 우수해도, 열정이 없다면 해낼 수 있는 일이 없다고 생각합니다. 그렇기에 현 학교체제가 단순히 성적만으로 학생의 가능성을 판단하여 프로그램 참여와 같은 기회를 결정한다는 사실은 늘 가슴 아팠던 문제였습니다.

• 3학년 김성준 학생의 3D프린터 과정 자소서 기록

1학년 막바지에 3D프린터 교육을 받았습니다. 당시 저에게 3D프린터는 뉴스 기사를 통해서나 접할 수 있는 낯설고 신기한 것이었습니다. 그런 저에게 3D프린터 교육은 좋은 배움의 기회였고 저는 설렘 반 호기심 반으로 수업에 참여하였습니다. 3D프린터에 대해 배운 후 컴퓨터 프로그램을 통해 3D프린터로 출력할 입체도면을 만드는 방법을 배우고 활용해 보았습니다. 살고 싶은 집 모형과 자동차 모형 등의 모형을 만들며 모델링을 익혔습니다. 그리고 5명씩 한 팀을 이루어 열쇠고리를 만들어서 마케팅을 통해 서로의 팀에 투자금액을 책정하는 수업인 가상투자수업을 통해 3D프린터를 실제로 활용해 보았습니다. 팀 회의를 통해 열쇠고리 디자인을 선정하였고 마케팅과 입체도면제작, 총괄감독 역할을 나누었습니다. PPT제작을 맡은 친구가 급작스레 참여할 수 없게 되어 공동 작업이 가능한 '프레지' 프로그램으로 멋진 마케팅 자료를 만들었고 디자인한 제품을 실제로 출력한 후 다른 팀들에게 투자를 얻기 위한 제품소개를 하였습니다. 직접 구상한 아이디어를 곧바로 실제 제품으로 만드는 것은 발명을 꿈꾸는 저에게 아주 매력적이었습니다. 또한 가난한 사람들을 위한 기술을 3D프린터를 통해 보급할 수 있겠다고 생각하였고 소비자에게 기술이 보급되는 과정을 간소화함을 통해 세상 사람들의 생활을 개선할 수 있음을 느꼈습니다.

• 3학년 이혜원 학생의 교육철학 수업에 대한 소감문

오늘 교육철학 수업을 들었다. 사실 고1때부터 교육철학에 대하여 관심을 가지고 꾸준히 생각해 왔던 나였기에 이러한 수업이 너무 기대가 되었다. 나의 교육철학의 주 키워드는 소통이다. 소통을 시작으로 만남, 이해, 배려, 협력 등 사람사이의 관계를 통하여 변화를 이루어 나갈 수 있다고 생각하기 때문이다. 그런데 오늘 수업을 바탕으로 나만의 교육철학에 대하여 조금 더 심층적으로 고민해 보아야겠다고 생각했다. 한국교육에 대한 청소년들의 현실과 문제점이 담겨있는 영상을 보면서 정말 마음이 아팠다. 한창 꿈을 꾸고, 다양한 경험을 통하여 생각의 인식을 넓혀가야 할 활기찬 청소년의 시기에 오로지 공부와 경쟁 또한 사람에 대한 무감각, 무관심에서 오는 학생들을 억누르는 무거운 교육현실에 안타까웠다.

오늘 자신이 생각하는 교육의 의미와 변화를 위해 교육자로서 필요한 자질, 한국청소년들의 상황 등을 보고 교사의 꿈을 가진 대학생 멘토들과 고3 선배들, 그리고 친구들과 이야기를 나누며 미처 내가 생각하지 못했던 것에 대해서도 새롭게 깨닫게 되는 계기가 되었다. 가장 기억에 남았던 교육의 의미는 나현이가 말했던 교육은 마주보는 것이다. 교육은 마주봄으로써 시작하고 뒤를 보면 단절되어 시작할 수 없기 때문이라는 나현이의 교육에 대한 생각이 의미 있었기 때문이다.

또한, 변화를 위해 교육자에게 필요한 자질로서 가장 인상 깊은 것은 찬영선배가 말한 간절함(간절함에서 오는 변화)과 선경언니네 조가 말한 뻔뻔함(학생에게 먼저 다가가는 뻔뻔함)이었다. 특히 뻔뻔함은 학생에게 먼저 다가가는 노력의 의미를 담고 있어 기억에 남았다. 그리고 뻔뻔함이라는 것이 수업을 뻔뻔(funfun)하게 재미있게 만들어 간다는 다른 중의적 의미가 있는 것 같아 인상 깊었다. 또한, 좋은교사센터 김태현 국어교사의 세바시 강연을 보며, 교육에 대한 교사의 노력의 필요성과 학생을 위한 수업에 대한 고민, 학생이 바라는 가치를 생각해 보는 시간을 가지게 되었다.

김태현 교사는 수업은 의미와 관계를 맺는 점에서 중요하다고 하였다. 여기서 의미란 내가 이것을 왜 배워야 하는지에 대한 의미성이고 관계란 의미 있는 수업을 통해 친구들과 함께 생각하고 의견을 나누며 협력하는 관계를 의미한다. 이러한 의미와 관계가 있는 수업에서 학생들은 생각하고 발전한다. 이에 김태현 교사가 추구하는 아이들의 행복한 삶을 만들어 줄 수 있다. 김태현 교사가 나의 장래희망인 국어교사로서, 또 좋은 교사로서 학생들에게 참된 수업을 하는 영상을 보며 미래의 내가 할 나만의 수업을 생각하며 벌써부터 기대가 되었다. 나는 훗날 아이들에게 노래가사와 영화 속 의미, 하상욱 시인처럼 일상에 관심을 가지고 창작하는 짧은 공감 시 등을 함께 탐구하고 창작해 봄으로써 학생들이 생각하는 힘과 창의성 자발성 또한 자신감을 가지고 친구들과 의견을 나누며 배려와 협력을 바탕으로 한 소통을 중점으로 교육하고 싶다.

• 3학년 김찬영 학생의 교육철학 수업 자소서 기록

저에게 의미 있었던 또 다른 활동은 교육철학 수업입니다. 저는 멘토 선생님께서 교직에 가능성이 있는 학생들을 선발하여 예비 교육자를 양성하기 위해 만드신 수업에 선발되었습니다. 첫 시간에 한국 교육의 현실들을 보며 올바른 교육철학을 세우는 것이 이러한 교육의 상황 가운데 바로 설 수 있는 방법이라는 것을 깨달았습니다. 다음 수업은 철학자의 생애를 조사하고 정리해서 발표하는 수업이었습니다. 저는 수업 때 장자크 루소의 생애를 조사하게 되었습니다. 저는 루소의 생애를 읽고 조사하는 과정에서 같은 반 아이들에게 그거 읽을 시간에 공부를 하라는 질책을 받기도 했지만, 교육철학이 무엇인지 알아가는 것이 저의 가슴을 뛰게 하였습니다. 마지막 수업은 자신의 교육철학을 세우는 수업이었습니다. 저는 '어떤 교육철학이 올바른 것일까?'라는 질문을 끊임없이 하던 중 그 해답으로 '학생에게 말로써, 책으로써 설명해주는 것이 아닌 학생으로 하여금 직접 느끼고 경험하게 하는 교육' 이라는 장자크 루소의 자연주의 이론에 입각한 저만의 교육관을 세울 수 있었습니다. 교육철학 수업은 저에게 교육자로서의 사명과 교육에 대한 방향을 깨닫게 해 주었습니다. 또한 이 수업은 저에게 교육자란 무엇인가에 대해 더 깊이 사고하게 하였고, 교육자 상을 명확히 해주는 계기가 되었습니다.

• 1학년 문서현 학생의 두려움과 마주하기 수업 느낀 점

저에게 터닝 포인트가 된 계기는 진로교육 활동 중 '두려움과 직면하기'라는 활동이었어요. 다른 학생들은 귀신이나 갈매기가 무섭다고 했지만 저는 타인의 시선, 진로, 나라는 존재가 무섭다고 이야

기를 하였어요. 사실 저는 생각보다 속이 여려서 사소한 말에도 상처를 되게 많이 받고 타인의 시선을 굉장히 많이 의식하는 편이에요. 또한 진로가 불분명해서 저의 미래가 너무 무서웠지만 이러한 어썸시간이 계속 될수록 저라는 존재에 대해서 정확히 알 수 있게 되잖아요. 근데 사실 저는 그게 너무 무서웠던 것 같아요.

저는 어릴 때부터 몸 쓰는 것 그중 춤을 굉장히 좋아해서 발레 8년, 현대무용, 방송 댄스, 팝핀 등 각종 안무 2년을 통해 춤에 대해 흥미가 굉장히 컸던 아이였는데 점차 크면 클수록 어른들의 시선이 좋지 않다는 걸 느꼈고 괜스레 숨기게 되더라고요. 그래서 저는 제가 춤을 좋아한다는 것을 지금까지 잘 숨겨왔는데 혹시나 밝혀지게 되면 지금까지 쌓아온 것들이 무너질 것만 같아서 너무나 두려웠어요. 하지만 저희 기반은 두려워하는 항목 밑에 리플로 하고 싶은 말을 달아주는데 아직도 기억나는 게 '넌데 뭐 어때?', '어차피 넌데' 이러한 문구가 있었고 저도 이제 생각을 하게 되죠. 어차피 내 인생인데 내가 좋아 하는 거 하면서 살자 라는 생각이 들게 되요.

이러한 면에서 저의 진로는 많은 변화를 겪었죠. 사실 여자하면 교사해서 시집 잘 가는 게 세상에서 가장 잘사는 방법이라고 많이 들어서 저는 교육에 관심이 있어서 교사를 하고 싶다했지만, 점차 눈길이 저 같은 아이들한테 가더라고요. 분명히 재능이 있는데 사회가 정해놓은 인재상에 끼워 맞추려다 보니깐 자신의 재능을 버리고 꿈을 잃은 채 방황하는 아이들이죠. 그래서 저는 어썸강사가 되어

그들을 도와주고 조금 더 어썸의 교육을 체계화 시켜 교육재단을
만들어서 아이들을 변화시키고 그러한 변화를 토대로 책을 내고, 강
연을 하고 다니면서 청년들까지 변화 시키고 싶어요. 또한 저의 경
험을 통해서 사람들이 가치 있는 삶을 살았으면 좋겠어요.

• 1학년 정성희 학생의 진로탐색과정

이 드라마를 볼 때는 정신과 의사, 변호사, 기자 등 저는 드라마
한 편 볼 때 마다 꿈이 바뀌었습니다. 저는 lsp 지원서에 제 자신
을 잘 안다고 적었습니다. 그러나 2학기 중간고사가 끝난 뒤에 담
임선생님과의 상담 후 내 자신에 대해서 잘 모르는구나를 느꼈습니
다. 그리고 제가 꿈이 이렇게나 자주 바뀌는 이유는 자신을 객관적
으로 놓고 보지 못하기 때문에 조그마한 자극에도 많이 흔들렸었다
는 것을 깨달았습니다.

저는 진로를 정하기 위해서는 자기 자신에 대한 이해가 충분해야
된다고 생각하였습니다. 그리고 자신을 이해한 후 관심 분야를 발견
하고 그 분야에 대해 파고드는 T자형 인재가 되어야겠다는 생각이
들었습니다. 제 자신을 이해하기 위해 진로바인더를 이용하였고 교
육과 영화에 관심이 생겨서 교육에 관한 책(나는 대한민국의 교사
다)과 영화를 보고 포스터를 만드는 활동으로 정리하면서 관심분야
에 대해 알아가는 중입니다.

- 1학년 이영빈 학생의 미디어 교육 중 랩 수업 사례

어썸스쿨에서 '나도 몰랐던 나'에 대한 것들을 알고, 미디어 교육에서 랩 수업을 듣게 되었는데요, 아실지 모르겠지만, 랩 가사에는 자신의 삶의 태도가 반영되게 되어있습니다. 가사를 쓰며 과거, 현재 및 자아에 대한 성찰과 반성을 하게 되었고, 마음속의 응어리나 상처들을 가사로 풀어내며 회복시켜 나갔습니다. 그러면서 전에 비해 훨씬 긍정적인 생각을 하게 되었습니다.

- 2학년 이소정 학생의 진로교육과 플래닝의 결합

제게 가장 의미 있던 활동 첫 번째는 '두려움'이란 활동입니다. 저는 소외감과 열등감으로 가득 차 있는 사람이었습니다. 공부를 할 때에도, 친구를 사귈 때에도 소외감과 열등감이 기준이 되었죠. 하지만 어썸에서 두려움이란 주제를 가지고 활동을 할 때 타임라인과 여러 질문을 통해 근본적인 원인을 발견하게 됩니다. 먼저 가정 속에서 소통하지 못하는 어려움과 지원받지 못하는 어려움이 있었고 그런 감정들로 남들보다 더 잘해서 눈에 띄려는 부담감을 가지고 있었고 그것이 습관이 되어버렸습니다. 그래서 저는 어썸을 통해 나의 두려움을 발견하고 마주한 다음, LSP의 주간플랜과 피드백을 통해 고쳐나가기로 결심합니다. 저는 나의 질문부분을 활용하여 긍정적인 생각, 감사일기 등 성품 면을 개선해 나갔고, 주간플랜 세우고 피드백을 통해 공부를 좀 더 효율적으로 하면서 남과 비교하는 것이 아닌 어제의 나의 모습과 비교하면서 저를 더 긍정적인 방향으로 개선해 나갔습니다.

지금까지 LSP 토요학교 진로교육을 통해서 성장한 여러 학생들의 기록들을 살펴보았다. 특히 마지막 이소정 학생의 경우 자아탐색과정에서 자신의 열등감이라는 문제를 발견하고 플래너 사용을 통해서 그 문제를 어떻게 해결했는지를 언급하고 있다.

일반적인 진로교육은 자아탐색과 직업탐색에 그치고 자신의 내면의 문제나 진로의 문제를 발견했을 때 이를 구체적으로 해결해 나갈 수 있는 대안은 제시하지 못한다. 그러나 문제의 발견은 시작에 불과하며 학생의 성장을 위해서 그 문제를 해결해 나갈 수 있는 구체적인 대안을 제시해주어야 한다. LSP 토요학교에서는 그 구체적인 대안으로 플래너라는 도구를 통한 플래닝교육을 제시하고 있다.

2. 플래닝교육을 통한 성장과정

플래닝교육은 기본교육, 심화교육, 프로젝트 교육과정으로 구성된다. 기본교육과정은 학기 초부터 1차 지필평가를 보는 기간 동안 실시하며, 시간 관리법 및 주간 플래닝 방법을 익히게 하여 플래너를 사용할 수 있는 기반을 형성할 수 있도록 한다. 심화교육과정은 학업역량 기르기, 분기 플래닝 방법 익히기, 성품역량 기르기로 구성되어 있고, 1학기 1차 지필평가부터 2학기 1차 지필평가 전까지 실시한다. 프로젝트 교육과정은 2학기 1차 지필평가 이후에 실시하며, 진로바인더 제작, 학급 플래너 나눔으로 이루어져 있다.

가. 기본교육

1) 시간관리 역량 기르기[3]

> * 학생 인터뷰(1학년 김지우)
> LSP시간에 가장 인상 깊었던 게 시간배치였습니다. 스톱워치를 사용하여 시간일기를 작성해보았는데, 제가 정말 많은 시간을 헛되이 보내고 있다는 것을 깨닫게 되었습니다. 특히 낭비하는 시간을 수치화해보니, 낭비되는 시간이 너무 많아 경각심을 불러일으키게 되었습니다. 그 후에 셀공시간설계표를 활용하여 가용시간을 체크하여 낭비되는 시간을 줄일 수 있었고, 실제 공부시간을 늘릴 수 있게 되었어요.

㉮ 시간일기

고등학생들의 일과를 보면 해야 할 일이 정말 많음을 알 수 있다. 특히 학생부 종합전형이 본격화 되면서 학생들은 학업 뿐 아니라 다양한 비교과 활동을 해야 된다. 시간을 관리하지 않으면 많은 활동 가운데, 삶이 피폐하게 변해갈 수 있다. 그래서 플래닝교육의 가장 기본은 시간관리 역량을 기르는 것이다.

---

3) 박인오, 주영식, 윤승현 외 23명(2016). 『학생부 종합전형 합격의 조건』, 곽충훈 작성글 재인용

"측정할 수 없으면 관리할 수 없고 관리할 수 없으면 개선할 수 없다." -피터드러커-

경영학의 아버지라고 불리는 피터드러커는 구체적인 측정이 개선을 위한 기본이라고 이야기한다. 시간에 대해서도 마찬가지로 자신이 시간을 어디에 사용하는지 명확히 측정하여 개선하라고 이야기하고 있다. 어떻게 하면 시간을 측정하고 개선할 수 있을까?

우선 시간일기를 작성하는 것이다. 시간일기를 작성하는 것은 그리 어렵지 않다. 월요일부터 일요일까지 무엇을 했는지 꼼꼼하게 기록하여 시간의 흐름을 파악하면 된다. 시간일기를 꼼꼼히 기록하게 하면 생각보다 낭비되는 시간이 많은 것을 깨닫고 개선하려고 노력하게 된다. 플래너를 사용해서 매일 매일의 시간 사용을 기록하고, 매일의 시간에 대한 피드백을 통해서 낭비요소를 점차 줄이게 되면, 그만큼 학업에 쏟는 시간과 다양한 비교과 활동을 위한 시간을 확보할 수 있다.

㈐ 셀공시간설계표 작성

시간 관리를 위한 두 번째 방법은 자신의 가용시간을 정확히 분석하여 주간에 할 일을 기록하는 것이다. 가용시간을 분석하기 위해 가장 먼저 해야 할 일은 자신의 고정된 시간을 기록하는 것이다. 고정시간을 파악하면 자신이 마음대로 쓸 수 있는 가용시간이 어느 정도 되는지도 파악할 수 있다. 가용시간을 파악한 후에는 하루에 공부할 목표공부시간을 정하고, 그 시간에 맞게 하루 공부 양을 계획하면 된다.

이 활동은 학생들을 안정시키는데 매우 강력한 도구로 사용되고 있다. 많은 학생들이 학기 초에 열정을 가지고 여러 활동에 참여하다가 점점 해야 할 일들이 늘어남에 따라 어떻게 할지 몰라 힘들어하는 학생들이 많이 있다. 이 활동을 통해서 자신의 가용시간을 정확히 확인하고 일의 우선순위를 정해서 꼭 해야 할 일들을 처리하며 마음의 안정을 찾아가는 것을 많이 경험하고 있다.

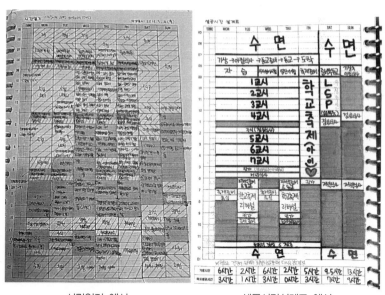

시간일기 예시   셀공시간설계표 예시

[그림 V-4] 시간일기&셀공시간표 양식사진

2) 주간 플래닝 역량 기르기

㉮ 본격적인 플래너 시기

셀공시간설계표는 플래너를 본격적으로 사용하기 전 2~3주 정도 낱장으로 나눠주어 쓰게 한다. 처음부터 플래너를 보여주면 복잡하다고 생각하여 거부감을 가질 수 있기 때문에 간략히 작성할 수 있는 셀공시간설계표를 통해 기본적인 삶의 관리가 될 수 있도록 도와준다.

2~3주 정도 지나면 셀공시간설계표가 익숙해지게 된다. 이 때 플래닝의 원리를 교육하고, 플래닝을 할 수 있는 LSP 플래너를 소개해주고 작성할 수 있도록 교육을 한다.

---

* 플래닝이란?

목표-전략-시간배치-실행-피드백의 5단계의 과정을 거치는 목표관리 시스템을 말합니다. 대부분 학생들은 플랜이라고 하면 초등학생 때 작성했던 "방학계획표"처럼 해야 할 일들을(To do list) 정해진 시간 안에 분배하는 것으로 생각합니다. 그러나 이것은 정확히 말하면, 스케줄링이지 플래닝이 아닙니다. 스케줄링은 목표와 전략 없이 그냥 해야 할 일들을 나열한 것이기 때문에 주어진 일만 하게 됩니다.[4] 플래닝을 학생 스스로 목표를 세우고, 목표를 달성하기 위한 전략을 고민하고, 실행합니다. 그리고 실행 후에는 차후 보완점을 찾는 피드백 과정을 거치게 됩니다. 이를 통해 지속적으로 성장할 수 있는 개인적인 시스템이 몸에 체화되게 됩니다.

㉯ LSP 플래너 사용법

LSP 플래너는 플래닝을 체계적으로 할 수 있는 도구이다. 우선 주간에 해야 될 목표를 수립하고, 그 목표를 이룰 수 있는 전략을 세우게 한다. 그리고 셀공시간설계표의 가용시간을 보며, 목표를 달성할 수 있도록 시간을 배정한다. 그리고 매일의 삶 속에서 실천하며, 실천 결과를 돌아보는 피드백을 실시한다. 피드백은 매일 실시하는 일일 피드백과 한주를 돌아볼 수 있는 주간 AAR 피드백이 있다.

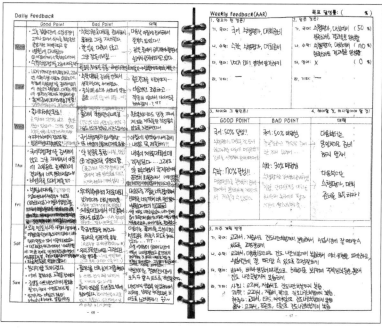

[그림 V-5] 일일 피드백 및 주간 피드백

---

4) 고봉익, 육근혜(2011). 『고봉익의 공부습관 4가지 비밀』

* AAR 피드백이란?[5]

AAR은 After Action Review의 약자로 미 육군에서 교육훈련의 성과향상을 위해 개발한 피드백 방법으로, 우리나라 말로는 '사후검토'라고 합니다.

AAR의 다섯 가지 질문은 다음과 같습니다.

> Q1. 얻고자 한 것은?
>
> Q2. 얻은 것은?
>
> Q3. 차이와 그 원인은?
>
> Q4. 해야 할 것은?
>
> Q5. 하지 말아야 할 것은?

학생들에게 적용할 때는 다음과 같은 의미로 사용하고 있습니다.

> Q1. 얻고자 한 것은?   → 이번 주 공부목표는?
>
> Q2. 얻은 것은?   → 실천량은?
>
> Q3. 차이와 그 원인은?   → 목표와 실천량 사이의 차이와 그 원인은?
>
> Q4. 해야 할 것은?   → 차주에 실천해야 할 일은?
>
> Q5. 하지 말아야 할 것은?   → 차주에 하지 말아야 할 일은?

---

5) 박인오, 주영식, 윤승현 외 23명(2016). 『학생부 종합전형 합격의 조건』, 곽충훈 작성글 재인용

경안고 LSP 토요학교에 참여하는 학생들은 매주 토요일 아침시간에 플래닝을 실습한다. 우선 주간 AAR 피드백을 통해 한 주간 자신의 삶을 되돌아본다. 그리고 셀공시간설계표를 작성하며 주간에 자신의 가용시간을 점검한다. 주간 피드백과 가용시간을 점검하며 한 주간해야 될 주간 목표를 수립한다. 그리고 그 목표를 이룰 수 있는 전략을 생각하여 시간을 배정한다. 처음 할 때는 시간이 오래 걸리던 학생들도 매주 하다보면 익숙해져서 짧은 시간 안에 이 과정을 진행하게 된다.

나. 심화교육

1) 학업역량 기르기

---

* 학생 인터뷰(2학년 이예림)

선생님께 배운 플래닝을 이용해 뭐든지 계획을 세우고 일을 시작합니다. 계획을 세우고 행동에 옮기니까 어떤 일을 해도 우왕좌왕하는 일이 줄어들었으며 시간을 낭비하였던 예전과 다르게 지금은 오히려 시간절약을 하게 되어 비교과 활동할 수 있는 시간이 많아지게 되었습니다. 또한 매일의 삶을 피드백 하는 습관을 통해 공부하는 방법을 확실하게 익힐 수 있게 되어, 1학년 2학기 기말고사 때 81%였던 내신 성적이 2학년 1학기 중간고사 때 98%(전교6등)로 크게 향상하였습니다.

주간 플래닝을 익힌 것은 성장을 위한 기본토대를 구축한 것을 의미한다. 2분기가 되면, 주간 플래닝이 익숙해져 플래너 쓰는 시간이 빨라지게 된다. 이때부터 본격적으로 학업역량을 기르는 교육을 하게 된다.

학업역량을 기를 때도 처음에 시간일기를 통해 자신의 시간사용을 진단했듯이, 자신의 학업역량을 진단하는 것이 중요하다. 진단을 통해 자신의 현재 모습을 객관적으로 자각을 해야 학생들은 부족한 부분을 개선하기 위해 더욱 열심히 참여할 수 있기 때문이다.

LSP에서는 학업역량을 진단하기 위해 가인더스에서 실시하는 SLT검사를 활용한다. SLT검사는 LSP를 시작할 때, 가장 먼저 하는 검사로 2분기 때가 되면, 검사 결과가 나오게 된다. 학생들에게 검사결과를 나눠주고, 결과에 따른 해결방안을 알려준다. 해결방안은 플래닝&피드백 습관, 수업성공습관, 예/복습습관, 노트필기습관 등 크게 4가지 습관을 익히는 것으로 정리를 한다. 2분기 때는 체크리스트를 활용하여 이러한 습관을 익힐 수 있도록 도와주고 있다.

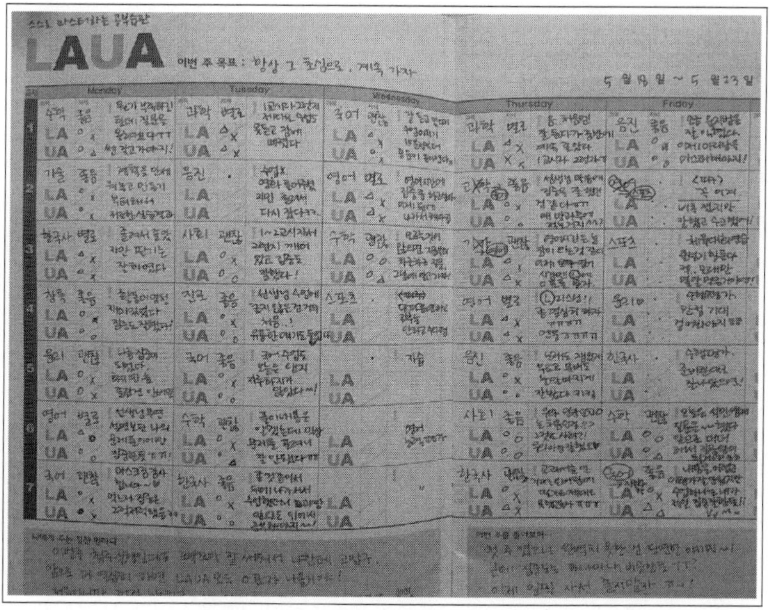

[그림 Ⅴ-6] LAUA수업성공 체크리스트6)

2) 분기 플래닝 역량 기르기

6월 달 정도가 되면 많은 학생들이 LAUA 및 예·복습 체크리스트를 활용하여 학교생활을 충실히 하는 학생으로 변화하게 된다. LSP에서는 6월 중순부터 3주~1달 정도 기간 동안 내신플랜을 수립하게 하여 학업에 대한 노력이 성과로도 이어질 수 있도록 돕고 있다. 그리고 이 과정을 통해서 학생들이 주간단위의 플래닝을 넘어서 한 달 단위의 중장기 플래닝을 자연스럽게 익힐 수 있도록 돕고 있다.

---

6) 고봉익, 육근혜(2011).『고봉익의 공부습관 4가지 비밀』 LAUA체크리스트 양식

㉮ 내신플랜 작성

> * 학생 인터뷰(1학년 백종욱)
>
> LSP과정 중에서 저를 가장 큰 변화를 준 교육은 내신시험플랜교육입니다. 특히 그 중에서도 시험 피드백이 인상 깊었는데, 예전에는 시험이 끝나면 시험지를 다시 확인하지 않았는데, LSP를 통해 이번에 본 시험이 다음 시험의 향상을 위한 귀중한 자료임을 깨닫게 되었습니다. 시험 피드백 양식지에 이번 시험의 성공요인과 실패요인을 적으며 다음시험 때 어떻게 해야 할지 미리 생각하고 계획을 세워 다음 시험에서는 더 좋을 결과를 얻을 수 있었습니다.

주간 플래닝 과정을 통해 학생들은 플래닝의 개념이 어느 정도 익숙하게 된다. 시험플랜도 플래닝의 원리가 동일하게 적용된다. 우선 시험목표 및 전략을 수립하고, 3주에서 한 달 정도 공부할 내용을 배치한다.(시간배치) 그리고 시험을 본 후에 시험 AAR 피드백을 하게 된다.

시험목표 및 전략수립 파트에서는 받고 싶은 점수를 적고, 출제정보 및 지난 시험분석을 통해 이번 시험의 구체적인 전략을 수립한다. 또한 시험 우선순위를 정해서 집중적으로 공부할 과목을 정한다.

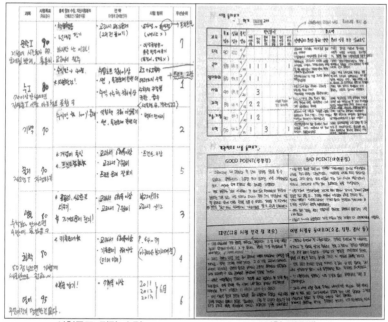

시험목표 전략 수립   시험 피드백

[그림 V-7] 시험목표 전략수립 & 시험 피드백 사진

　시험로드맵을 수립할 때, 3주 전에는 우선순위가 높은 주요과목을 배치한다. 2주 전에는 주요과목의 지속적으로 공부를 하고, 우선순위가 그 다음 과목의 공부를 시작한다. 1주 전에는 시험 보는 과목을 역순으로 배치하여 집중적으로 공부할 수 있도록 한다.

　시험 피드백은 AAR 방식으로 진행한다. 얻고자 한 점수와 얻은 점수, 그리고 둘 사이의 차이가 발생한 원인을 분석하여 차후 시험 때 더 강화해서 해야 할 행동과 하지 말아야 될 행동을 적어둔다.

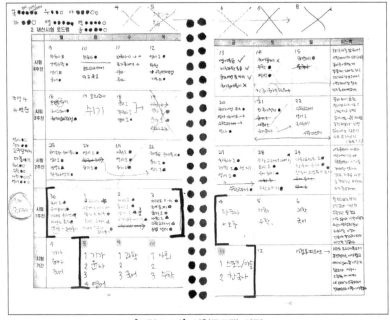

[그림 V-8] 시험로드맵 사진

㉬ 방학플랜 작성

1학기 2차 지필고사가 끝나면 방학플랜을 작성하게 된다. 여름방학도 보통 3~4주 정도가 된다. 방학플랜을 세우기 전에도 자신의 학업역량을 진단하는 시간을 가진다. 바로 시험 피드백을 통하여 자신의 학업역량을 진단하여 방학을 잘 보내고자 하는 의욕을 불러일으키게 한다. 특히 방학기간에 가장 중요한 것은 학업에 대한 스키마를 키우는 것이다.

스키마를 간략히 설명하면 배경지식을 뜻한다. 기존에 쌓아둔 지식체계란 뜻도 있는데, 이것이 두터운 학생일수록 새로운 지식을 자신의 것으로 소화를 잘하게 된다. 많은 학생들이 수업시간이 지루한 이유가 교사가 설명하는 새로운 지식을 이해할 수 있는 스키마(배경지식)가 없기 때문이다. 특히 초·중학교 때 학업에 흥미를 느끼지 못했던 많은 학생들이 스키마가 부족함을 많이 느끼게 된다. 그리고 학기 중에는 스키마가 부족하더라도 배우고 있는 내용을 따라가는 것도 벅차기 때문에 이전 과정을 다시 공부하기가 매우 힘이 든다.

우선 LSP 교육시간에 과목별 특징을 설명해주고, 자신의 빠진 스키마가 어느 부분인지 알도록 한다. 그리고 방학 공부목표를 과목별로 세우게 하여 실행할 수 있도록 돕고 있다.

---

* 공부 외 목표

공부목표 분 아니라 공부 외 목표도 세우게 하는데, 방학 기간 가장 중요한 공부 외 목표는 진로탐방활동을 다녀오는 것입니다. 진로탐방을 다녀올 수 있도록 구체적인 계획을 세울 수 있도록 도움을 주어 경안고에서는 60%가 넘는 학생들이 자발적으로 진로탐방을 다녀오고 있습니다. 진로탐방을 다녀온 후에는 탐방후기 발표대회를 열어 학생들의 진로 탐방한 내용을 공유할 수 있도록 합니다. 진로탐방 이후 진로를 구체적으로 개척한 학생들이 많아져 학업분위기가 상승하는 효과를 거두고 있습니다.

㉰ 분기플랜 작성

본격적인 분기 플래닝교육은 2학기 1분기 때 실시한다. 1학년 LSP 멘티의 플래닝교육 목표는 분기 플래닝을 익히게 하는 것이다.

LSP에서 말하는 분기는 개학과 1차 지필평가 사이와 1차 지필평가
와 2차 지필평가 사이의 2달 정도의 기간을 말한다.

〈표 V-8〉 분기 플래닝 시기

1학기		여름방학	2학기		겨울방학
1분기	2분기		1분기	2분기	

LSP에서는 1학기 1분기, 1학기 2분기, 여름방학분기, 2학기 1분
기, 2학기 2분기, 겨울방학분기 총 6개의 분기를 정해서 운영한다.
2학기 개학 후에 2학기 1분기 플랜을 계획하게 한다. 역시 먼저 방
학 피드백을 통해 잘한 부분과 그렇지 못한 부분을 점검한 후에 아
직 다 끝내지 못한 학습을 이어서 마무리 할 수 있도록 계획을 세
우게 한다. 그리고 이번 분기에 학교 수업진도를 예상해서 예·복습
계획을 세우고, 스스로 학습할 나만의 학습 계획도 세우게 한다. 이
미 시험플랜, 방학플랜을 통해 한 달 단위의 계획을 연습한 학생들
은 2달 단위의 분기 플랜도 약간의 시행착오는 있지만, 수립할 수
있게 된다. 분기단위의 플랜을 수립해서 실행할 수 있는 학생들은
학업 뿐 아니라 다양한 비교과 활동도 주도적으로 참여할 수 있게
된다.

> * 학생 인터뷰(1학년 김세인)
> LSP 과정 중에서 저에게 가장 큰 도움을 준 교육은 분기 플래닝교
> 육입니다. 분기플랜 교육을 받기 전에는 긴 안목으로 계획을 세우지

않아 시험, 수행평가 등을 급박하게 준비하였는데, 분기플랜을 통해 2~3달을 미리 계획을 세우고 실천하여 계획의 실천률이 크게 증가하여 성적의 향상을 가져올 수 있었습니다.

3) 성품역량 기르기

* 학생 인터뷰(졸업생 곽지현)
고등학생 시절 LSP 플래너를 쓰면서 자신의 삶을 계획하고 피드백을 하며 개선시켜 나가는 것이 사람의 습관 뿐 아니라 성품을 바꿀 수 있다는 것을 깨달았습니다. 같이 플래닝을 하는 친구들과 함께 힘든 일이 닥쳐도 당황하지 않고 차근히 해결하기 위해 노력하였습니다. 자신이 잘못한 점은 인정하고 고치기 위해 노력하는 모습을 보면서 이런 점이 대인관계에도 큰 영향을 끼치고 사람의 인격을 만들어 준다는 것을 깨달았습니다.

LSP 플래너의 일일플랜 파트 하단에 특이한 양식이 하나 있다. 바로 나의 질문 영역이라는 양식이다. 플래닝에 익숙해지다 보면, 플래너를 통해서 학업습관 뿐 아니라 자신의 내면도 체크하고 싶은 생각이 들게 된다. 습관이 무너지는 영역을 피드백하다 보면, 자신의 내면에 문제가 있음을 깨닫게 되기 때문이다. 보이지 않는 자신의 생각과 감정을 관리하지 않으면 지속적인 발전을 이룰 수 없다는 것을 깨닫게 된다. 이러한 자각을 가지게 될 무렵 아이들에게 성품에 대한 교육을 하고, 나의 질문 영역을 통해 자신이 발전시켜

야 될 성품 영역을 관리하도록 하고 있다.

이 성품 영역을 집중적으로 체크하여 많은 욕을 줄이게 되고, 긍정의 언어를 사용하는 학생들이 많아지게 되었다. 스스로 미디어를 관리하게 된 학생들도 많아졌다. 질문 예시 목록을 만들어 아이들이 필요한 질문을 스스로 작성하여 집중적으로 관리할 수 있도록 하고 있다.

〈표 V-9〉 LSP 플래너 질문 목록 중 습관, 성품 영역

질문목록	
습관 영역	목표한 시간에 일어났나요?
	목표한 시간에 취침을 하였나요?
	학교에 OO시까지 등교했나요?
	아침에 학교에 와서 일일 계획을 적었나요?
	저녁시간에 일일 피드백을 하였나요?
	자투리 시간을 효율적으로 활용했나요?
	이동시간에 영어단어를 암기했나요?
	점심시간에 수학문제를 풀었나요?
	컴퓨터나 휴대전화를 잘 통제했나요?
	페이스북 사용시간을 OO분 이내로 줄였나요?
성품 영역	욕설 사용을 OO회 이하로 줄였나요?
	스스로를 격려한 시간이 있었나요?
	감사의 표현을 자주하였나요?
	하루 동안 OO번 이상 감사를 표현했나요?
	부모님께 감사하는(사랑한다는) 표현을 하였나요?
	다른 사람을 한번 이상 칭찬하였나요?
	다른 사람에게 먼저 다가가 인사를 했나요?
	다른 사람의 이야기를 경청했나요?
	친구 또는 다른 사람의 욕을 안했나요?
	친구를 대할 때 사랑으로 대했나요?

4) 지속가능한 학습을 위한 습관들

㉮ 수면습관

> * 학생 인터뷰(졸업생 차난영)
> LSP에서 배운 수면습관교육을 통해 저의 수면습관이 변하게 되었습니다. "잠자는 시간이 중요하다, 잠은 일찍 자고 일찍 일어나야 좋다." 이런 말만 듣고 왜 그런지에 관해서는 잘 알지 못했는데, 수면습관 교육은 여러 과학적 근거를 제시하여 올바른 수면습관을 형성할 수 있도록 도움을 주었습니다.

지속가능한 학습을 위하여 꼭 필요한 습관이 바로 수면습관이다. 처음에 많은 학생들이 수면습관의 중요성을 인식하지 못한다. 우선 많은 학생들이 미디어 습관이 올바르게 형성되지 않아 늦은 시간까지 게임을 하거나, SNS활동을 하고 있다. 미디어 습관이 형성된 학생들도 일찍 자기가 어려운 이유가 여전히 많은 부모들이 밤늦게까지 공부하는 것이 좋다고 생각하고 있기 때문이다. 그러나 건강을 챙기면서 지속적으로 공부할 수 있기 위해서는 올바른 수면습관을 형성해야 된다. 올바른 수면습관을 형성하는데 많은 저항이 있기 때문에 처음부터 너무 욕심을 내면 안 된다.

2분기 학업습관을 형성하는 시기에 피드백을 하다보면, 졸음을 이기지 못하여 수업시간에 집중하지 못한다는 피드백이 많이 나오게 된다. 이때가 수면습관을 형성하기 좋은 시기이다. 수면의 원리 및 효과를 정확히 알려주고, LSP차원에서 수면습관 형성을 위한 문화를 만든다면, 많은 아이들이 수면의 효과를 보고 습관을 형성하는 것을 보게 된다.

수면습관 형성이 아침독서문화 형성에도 매우 중요하다. 수면습관을 형성한 이들이 아침에 일찍 일어나게 되어 나비 독서모임에 나올 수 있기 때문이다.

[그림 V-9] 나비 독서모임 사진

㉯ 자투리시간 및 여유시간 계획

인생엔 빈틈, 플래너엔 '빈칸'
인생에도 빈틈이 필요하듯 플래너에는 반드시 '빈칸'을 만들어둬야한다. 아무 계획을 세우지 않는 날을 미리 만들어 놓아라. 하루를 통째로가 아니라 반나절 정도 시간을 비워두란 뜻이다. 그때 미처달성하지 못한 목표, 갑작스러운 사정으로 다 하지 못한 일을 하면

> 된다. 밀린 내용이 없다면, 그 시간을 자신에게 상으로 줘라. 게임이
> 나 영화 감상 등 여가를 즐기거나 아니면, 아무것도 하지 않을 자유
> 를.
> - 한겨레신문 2016.12.06. LSP 토요학교 플래닝교육 기사

삶에서 긴장과 이완은 매우 중요하다고 생각한다. 어떤 일이든 해야 할 때는 몰입해서 해내고, 또한 쉴 때는 쉬어야 성과를 내면서도 지속가능한 삶을 살 수 있다. 자투리시간 및 여유시간 계획은 삶에서 긴장과 이완을 시켜주는 중요한 역할을 한다. 집중해야 할 때는 자투리시간까지 활용해서 열심히 공부를 하고, 이완해야 할 시기에는 시간을 배치해서 쉼을 가지는 것이 중요하다. 플래닝에 익숙해진 많은 학생들은 여유시간에 쉼을 누리기 위해서라도 평상시 열정적으로 살아간다. 평소에 열심히 하지 않으면 여유시간까지 완료하지 못한 일을 해야 되기 때문에 여유시간을 누리기 위해서라도 열정적으로 살아가게 되는 것이다.

Ⅵ. 결론

청주교대 이혁규 교수는 단위학교의 혁신이 교육의 변화에서 가장 어려운 과제 중의 하나라고 말하였다. 개별 학교 하나를 바꾸는 것이 교육전체를 혁신하는 것과 같은 무게로 느껴지는 언급이다. 이러한 맥락에서 본 연구자들은 학교가 학생들을 성장시킬 수 있는 가라는 학교 존재적 목적을 건 도전적인 질문을 서두에서 던졌다. 그리고 이 질문은 다시 말해서 우리 교육은 학생들을 성장시킬 수 있는가라는 질문과도 상통한다. 결론적으로 우리는 학교가 학생들을 성장시킬 수 있다고 말하고 싶다. 본 연구를 통해서 학생들이 성장하는 과정을 탐색해가며 그 가능성을 제시했다. 안산의 일반계 고등학교에서 학생들이 변화할 수 있었다면 다른 학교들도 가능하다고 본다. 공교육에 대한 회의적인 시각이 일반화된 상황 가운데도 여전히 각자의 위치에서 고군분투하는 선생님들이 계심을 알기에 아직도 학교교육에 희망을 걸어볼만하다.

결론으로 LSP 토요학교를 통한 교육의 효과와 한계 그리고 제언으로 마무리하려고 한다.

1. 교육효과 검증

우리는 서두에서 학생들의 성장의 개념에 대한 재정리가 필요함을 역설하였다. 학생들의 성장이란 전통적 관점에서 학력(내신등급, 진학률)이 아니라 학생들 각자에게 있는 각기 다른 재능을 발견하고 그 가능성을 발현시키는 것을 말한다. 예를 들면, 학기 초에는 사람들 앞에서 발표하기도 힘들어 하던 친구가 학기 말에는 친구들 앞에서 자신의 의견을 분명하게 밝히는 모습을 보면 성장한 것이다. 이렇게 행동으로 드러난 변화가 아닐지라도 자신에 대해서 부정적인 생각과 자아상을 가졌던 친구가 교육 후에 자신의 가능성을 발견하고 자신을 사랑하게 되었다면 이러한 생각의 변화 또한 성장이다. 그런데 우리는 그동안 이러한 변화들이 눈에 보이지 않는다고, 선발을 위한 자료로 수치화, 계량화시키기 어렵다고 무시해 버렸다. 학생들의 진정한 변화는 이 지점에서 시작되고 있고 이러한 변화가 있어야 결과적으로 성적향상이라는 열매도 맺힐 수 있다.

교육효과를 말할 때 복잡한 통계자료나 학생만족도 조사를 통한 객관적 검증이 아니더라도 지난 수년간 이 프로그램을 운영한 교사로서 개인적인 만족도와 효능감을 보면 효과성을 부인할 수 없다. 그럼에도 불구하고 본 연구를 객관성 차원에서 검증할 필요가 있다면 몇 가지를 언급하고 싶다.

가. 학생들의 자기주도성의 성장

먼저, 가이던스의 SLT 검사로 본 학생들의 자기조절 능력의 향상은 이 교육을 통해서 학생들이 얼마나 자기주도성이 향상되었는지를 보여준다. 학기 초에 108.2점에서 학기말에 116점으로의 향상은 교육전후의 효과대비라는 측면에서 보면 그다지 극적인 변화를 보이지는 않고 있다. 그러나 이러한 변화는 여전히 유효한 결과라고 할 수 있다. LSP 토요학교 학생들은 엄격한 선발과정을 통해서 선발되었기 때문에 습관과 성품 면에서는 아직 개발의 여지가 많더라도 발전하고자 하는 동기적인 측면에서는 준비된 아이들임에 틀림없다. 그래서 학기 초에 조사결과가 의욕에 넘쳐서 현재의 자신의 상태라기보다는 자신이 지향해야 할 모습을 보여준다고도 할 수 있다. 따라서 7.8만큼의 향상은 LSP 토요학교를 통한 학생들의 자기주도성의 향상을 객관적으로 증명해 보여주고 있다.

나. 학교문화의 변화(협력의 문화)

또 다른 학생 성장의 기준으로 이타성의 개발이라는 부분을 들수 있다. 우리 프로그램의 독특한 점 중에 하나는 졸업생들이 대학생 멘토로 이 프로그램에 함께 참여하고 있다는 것이다. 그들은 하나같이 LSP 토요학교를 통한 자신의 성장의 열매를 이제 후배들에게 나눠주고 싶은 마음에 바쁜 대학생활 중에도 매주 토요학교에서 후배들을 멘토링 하고 있다. 또한, 1학년 멘티 중에서 2학년 때 멘토로 지원하는 대부분의 친구들은 멘토에게 받은 사랑이 너무 커서 이제는 자신이 멘토가 되어 돌려주고 싶어서 멘토로 지원한다고 고백한다. 우리는 학생 성장의 핵심이 학생에 대한 '사랑과 관심'이라고 생각한다. 그러나 공교육 현장에서 한명의 교사가 많은 학생들을 사랑과 관심으로 돌보는 것이 쉬운 일이 아니다. 그래서 LSP 토요학교는 교사-대학생멘토-멘토-멘티로 이어지는 사랑의 선순환 구조를 통해서 학생들을 성장시키고 있다.

"자신을 성장시켜 학교를 변화시키자."

토요학교에서는 매주 교육 종료 전에 이 구호를 세 번씩 외치고 교육을 마무리한다. 이 구호 안에 우리의 나눔과 협력의 철학이 잘 드러나 있다. 학생들이 플래닝을 잘 하게 되고 시간 관리를 잘하게 되면 오히려 이기적인 모습으로 변할 수 있는 위험이 있다. 사실 이러한 요소 때문에 이 프로그램의 지속여부를 고민했던 때도 있었다. 그러나 자신의 성장이 공동체의 변화로까지 이어져야 함을 꾸준히 교육하고 미래사회의 필요한 인재는 협력하는 인재임을 이해시키면서 아이들은 협력하는 문화를 조금씩 익혀나갔던 것 같다. 이제는 당연히 자신이 시간을 아껴서 열심히 공부하는 이유가 자신의 이기적인 성공을 위한 것이 아니라 자신이 아파하는 세상을 위한 사명임을 알고 있다. 그래서 학급에서부터 친구들에게 플래너 사용법을 알려주고 학급 멘토링을 통해서 함께 성장해 나가려고 하고 있다. 그리고 멘토 선발기준에 학급 멘토링을 통해서 얼마나 친구들을 돕고 있는지가 포함되어 있다. 이렇게 LSP 토요학교를 통해서 학교 안에 동반성장하는 문화가 자리 잡아가고 있다.

2. 한계

LSP 토요학교 운영을 통해서 얻은 성과와 함께 한계 또한 존재한다. 이 한계 부분은 경기도 교육청 김성천 장학사(정책기획관실)와 정경수 장학사(학교지원과)를 통한 학교 컨설팅에서 언급된 내용을 중심으로 정리하고자 한다.

1) 지속 가능성: LSP 토요학교가 소수의 교사에 의존해서 운영되는 구조이다 보니 교사들의 피로감과 탈진으로 인해서 지속가능성이 담보되지 못한다.
2) 적용교과의 제한성: 정규교과 과목에서 이 프로그램의 내용이 적용되기보다는 창의적 특색활동 수업에서 제한적으로 적용되고 있다.
3) 일반화 가능성: 학교 구성원들이 이 프로그램의 취지에 공감하고 함께 운영에 참여하는 구조가 되어야 하는데 아직까지 함께 하는 선생님들이 많지 않다.

3. 제언

 과거에는 학교혁신의 방향이 혁신적인 프로그램 운영과 학교 밖 체험학습 운영의 차원으로 접근했었다. 이렇게 했을 때 발생하는 문제는 소수의 교사만이 혁신에 참여하며 그 영향도 제한된 범위에 그치는 것을 볼 수 있었다. 이에 대한 반성으로 학교혁신이 학교 밖이 아닌 학교 안에서 그리고 방과후나 특별프로그램이 아닌 정규 교과 안에서 학생을 성장시키려는 방향으로 전환되어야 할 때이다. 경기도 교육청의 수업, 교육과정, 평가, 기록의 일체화는 이러한 학 교혁신의 큰 방향을 잘 나타내 주고 있다. 따라서 LSP 토요학교는 학교특성화 프로그램 운영차원을 넘어서 정규교육과정 안으로 녹아 들어가야 할 것이다. 현재 진로와 창의적 특색활동 수업에서 제한 적으로 적용하고 있는데 더 다양한 교과로 확대해 나가야 할 것이 다. 진로를 중심으로 놓고 모든 교과에서 진로와 관련해서 학생들 의 미래를 준비시켜주는 '진로 중핵형 교육과정'에 대한 고민이 필 요하다. 이를 위해서는 교육과정위원회를 만들고 학교구성원들이 교 육과정에 대한 고민을 함께 해나가는 것이 필요하다.

 오늘날 좋은 교육은 개별 교사들의 우수성이 아니라 교사들의 협 력적 네트워크에 의해서 가능하다. (중략) 현재 혁신학교를 중심 으로 일어나고 있는 교사 문화의 변화를 위한 노력은 한국 교직 사회의 오랜 관행과 트라우마를 극복해 가는 과정이라고 볼 수 있다. 부디 이러한 노력이 몇몇 학교에서의 실험으로 그치지 않고 한국 교직 사회 문화를 갱신하는 계기가 되기를 바란다.

- 한국의 교육 생태계 p107-108, 이혁규

이혁규 교수가 지적한 것처럼 교사들의 고립주의적인 문화를 넘어서 서로 협력할 때 학생들을 성장시키는 좋은 교육은 가능할 것이라고 본다. 지금까지 LSP 토요학교가 소수의 교사주도로 운영되는 프로그램이었다면 이제는 수시의 확대와 같은 입시제도의 변화라는 측면에서 공동체 구성원을 설득하고 비전을 함께 공유해 나갈 필요가 있다. 교사들이 참여할 수 있는 기회를 꾸준히 제공하고 작은 것부터 함께 해나가다 보면 전체 구성원들로 변화의 동력이 확대되어 갈 것이다.

마지막으로 우리는 개별학교의 혁신을 통한 학생성장의 노력이 단지 우리학교만의 실험으로 그치지 않고 계속해서 번져나가길 바란다. 한 학교가 변할 수 있다면 우리교육도 변화할 수 있다는 믿음 때문이다.

참 고 문 헌

고봉익(2014).『공부계획의 힘』,TMD북스

고봉익, 육근혜(2011).『고봉익의 공부습관 4가지 비밀』,아리샘

고봉익, 김승, 성기철(2010).『습관 66일의 기적』, 새앙뿔

고봉익, 박수현(2006).『대한민국 상위 1%의 공부 습관, 계획』,북섬

고한석, 진명선(2009).『이제는 입학 사정관제다』,한겨레 에듀

김성호(2009).『일본전산이야기』,쌤앤 파커스

김정운(2011).『노는 만큼 성공한다』,21세기북스

강규형(2008).『성공을 바인딩하라』, 지식의 날개

강신장(2015).『오리진이 되라』, 쌤 앤 파커스

강인선(2007).『하버드 스타일』,웅진지식하우스

강동화(2011).『나쁜 뇌를 써라』,위즈덤하우스

강헌구(2000).『아들아, 머뭇거리기에는 인생이 너무 짧다』, 한언

강헌구(2005).『MY LIFE FOR JESUS』, 한언

박재원(2004).『공부가 즐거워지는 기적의 두뇌학습법』, 길벗스쿨

사이쇼 히로시(2003).『아침형인간』,한스미디어

이민규(2011).『실행이 답이다』,더난출판사

이지성(2010).『리딩으로 리드하라』,문학동네

이지성(2007).『꿈꾸는 다락방1(생생하게 꿈꾸면 이루어진다)』,국일미디어

이지성(2008).『꿈꾸는 다락방2(실천편)』,국일미디어

이종연, 채민정(2016)『중학생 학습전략 프로파일에 대한 탐색적 연구』,경기
          도 교육연구원

이현모(2011).『클래식 사용 설명서』,부키

이혁규(2015)『한국의 교육 생태계』,교육공동체 벗

육창현 외(2008).『수만휘 공부법 사전1』,김영사

조남호(2006).『스터디코드』, 랜덤하우스

지나 몰리콘-롱(2011).『새로운 나를 만드는 생각을 바꾸는 기술』,한스미디
     어

존휘트모어(2007).『성과향상을 위한 코칭리더십』,김영사

교육과학기술부(2009).『손에 잡히는 창의적 체험활동 고등학교 매뉴얼』

라이즈업 무브먼트.『RPS멘토양성과정 매뉴얼』

유니텔 직무 연수.『우리반 명문대 보내는 명교사 교수법 교재』

유니텔 직무 연수.『진로상담교사 양성 과정 교재』

유니텔 직무 연수.『학교상담교사 양성 과정 교재』

유니텔 직무 연수.『글로벌 인재를 만드는 자기주도학습 교재』

TMD 교사직무 연수.『자기주도학습 교재』